中等职业学校航空服务应用型人才培养规划教材
主编 辜英智

KONGANG DIMIAN FUWU
SHIXUN ZHIDAO

空港地面服务实训指导

编著 胡启潮 李清霞

四川大学出版社

责任编辑:谢正强
责任校对:童际鹏
封面设计:墨创文化
责任印制:王　炜

图书在版编目(CIP)数据

空港地面服务实训指导 / 胡启潮,李清霞编著.
—成都:四川大学出版社,2015.9
中等职业学校航空服务应用型人才培养规划教材 /
辜英智主编
ISBN 978-7-5614-8991-8

Ⅰ. ①空… Ⅱ. ①胡… ②李… Ⅲ. ①民用机场—商业服务—中等专业学校—教材 Ⅳ. ①F560.81

中国版本图书馆 CIP 数据核字（2015）第 226193 号

书　名	空港地面服务实训指导
主　编	辜英智
编　著	胡启潮　李清霞
出　版	四川大学出版社
地　址	成都市一环路南一段24号（610065）
发　行	四川大学出版社
书　号	ISBN 978-7-5614-8991-8
印　刷	郫县犀浦印刷厂
成品尺寸	185 mm×260 mm
印　张	17.25
字　数	280 千字
版　次	2016年1月第1版
印　次	2021年7月第5次印刷
定　价	36.00元

◆读者邮购本书，请与本社发行科联系。
电话：(028)85408408/(028)85401670/
(028)85408023　邮政编码：610065
◆本社图书如有印装质量问题，请
寄回出版社调换。
◆网址：http://press.scu.edu.cn

版权所有◆侵权必究

中等职业学校航空服务应用型人才培养规划教材编审委员会

主　　编：辜英智

编　　委：王志鸿　刘天刚　王艺茹　黄代军

　　　　　杨　宇　罗娅兰　李洪祥　杨　玲

　　　　　杨　军　马秀英　周　敏　唐　冬

　　　　　胡启潮　李清霞　石羽平

总　序

随着社会的发展和科学的进步，人们生活水平不断提高，民用航空业发展迅速，呈现出爆发性增长趋势。

近年来，我国民用航空市场快速发展、潜力巨大，航空产业已形成颇具竞争力和影响力的航空经济发展模式，航空公司、机场、航空制造企业、航空维修企业、航空服务企业、航空教育与科研单位等对相关人才的需求与日俱增，为航空服务、航空市场营销等相关专业的毕业生提供了广阔的就业前景。

中等职业学校航空服务专业正是在这一背景下，适应市场需求而产生的。本专业立足于培养适应民航现代化建设需要，服务于生产和管理第一线，具有较高的思想政治素质的航空服务应用型人才。通过综合职业能力训练和全面素质的培养，使学生掌握从事民航旅客运输和管理的基本能力和技能，具有严谨的服务质量意识和良好的职业养成意识，熟悉航空服务的业务流程和工作要求以及有关的政策和法规，能灵活地运用航空英语及能商务礼仪，礼貌得体地与服务对象进行交往，能熟练地使用航空客舱各种设备和应急设备，具备空乘实务、空乘礼仪、语言能力、机舱救护能力、民航运输企业及航空商务管理与服务技能，能够为民航建设与发展做出自身贡献。

教材项目建设是一项系统工程，一定要体现民航学院的特色和成果，体现民航事业突飞猛进发展的时代特征和专业要求。为此，我们按照《中等职业学校航空服务应用型人才培养教材》的要求，注重实用性和适用性，将反映实际的教学设计和教学活动融入教材中，组织编写了这套中等职业学校航空服务应用型人才培养规划教材。

这套教材包括以下九种:《民航基础概论》《民航服务礼仪》《民航服务通用英语》《民航服务与沟通》《民航商务运输》《民航服务人员日常英语》《空中乘务实训指导》《民航安全检查实训指导》《空港地面服务实训指导》。主编辜英智,参与编撰的人员有王志鸿、刘天刚、王艺茹、黄代军、杨宇、罗娅兰、李洪祥、杨军、温善琨、杨玲、马秀英、周敏、唐冬、胡启潮、李清霞、石羽平等。其中,王志鸿负责整套教材的编审及统稿工作。在教材的编撰过程中,编撰者以严谨、认真的工作态度,反复斟酌、修改,力求以深入浅出的分析和生动具体的实例,编撰出能体现中等职业学校航空服务专业特色的系列教材,为我国民航事业的发展尽一份微薄之力。

教材的编撰,参考了一些相关文章和专著,引用了一些资料和图片,谨向这些著作的作者致以诚挚的谢意!教材的编撰和出版得到了成都东星航空旅游专修学院和四川大学出版社的大力支持。

成都东星航空职业学校教材编委会
2015 年 6 月

目 录

第一篇　民航运输基础

第一章　运输的概念及分类 …………………………………………（003）
　第一节　运输业简介 ……………………………………………（003）
　　一、运输的意义 ………………………………………………（003）
　　二、运输的作用 ………………………………………………（004）
　　三、运输提供两大功能：产品转移和产品储存 ……………（007）
　第二节　运输业的分类 …………………………………………（009）
　　一、铁路运输 …………………………………………………（009）
　　二、公路运输 …………………………………………………（009）
　　三、水路运输 …………………………………………………（010）
　　四、管道运输 …………………………………………………（011）
　　五、航空运输 …………………………………………………（011）

第二章　我国机场航空公司知识 …………………………………（015）
　第一节　机场基础知识 …………………………………………（015）
　　一、机场的分类 ………………………………………………（015）
　　二、机场的布局 ………………………………………………（017）
　　三、我国机场的管理模式 ……………………………………（017）
　第二节　国内机场三字代码知识 ………………………………（019）
　第三节　我国民航发展历程和航空公司概况 …………………（021）
　　一、旧中国时期（1920—1949年） …………………………（021）
　　二、计划经济时期（1949—1978年） ………………………（022）
　　三、改革开放时期（1978—1997年） ………………………（023）

第二篇 民航旅客运输

第三章 国内客票销售运价系统 (027)
第一节 国内客票运价基础 (027)
一、民航运价概述 (027)
二、票价种类 (028)
第二节 国内客票简介 (030)
第三节 航空客票销售系统 (032)
一、系统的由来 (032)
二、我国订座系统 (033)
第四节 常用专业术语 (034)

第四章 民航客票销售系统基础 (037)
第一节 客票销售系统简介 (037)
第二节 进入系统 (039)
一、终端状态查看 DA (039)
二、输入工作号 SI (040)
三、密码的修改 AN (041)
四、临时退出系统 AO (042)
五、恢复临时退出 AI (043)
六、完全退出 SO (044)
第三节 常用辅助指令 (046)
一、清屏 CP（清楚屏幕上面所有内容）(046)
二、翻页 PN (046)
三、日期/时间查询 (046)
四、查询常用代码 (047)
五、天气查询指令 WF (048)
六、CO 查询指令 (049)

第五章 航班信息查询和 FD 报价 (050)
第一节 航班信息查询 AV (050)
第二节 航班周期查询 SK (054)

第三节　航班经停点及起降时间的显示 FF ……………………(055)
第四节　票价查询 FD ……………………………………………(056)

第六章　国内客票销售后续处理……………………………………(061)
第一节　退票的定义和分类………………………………………(061)
　一、什么是退票…………………………………………………(061)
　二、退票的分类…………………………………………………(061)
　三、退票的收费标准……………………………………………(061)
第二节　客票的改期和改签………………………………………(063)
　一、客票改期……………………………………………………(063)
　二、客票签转……………………………………………………(063)

第三篇　危险品运输

第七章　危险品航空运输的法律、法规、责任介绍………………(067)
第一节　危险品航空运输的法律、法规介绍……………………(067)
　一、国际法规……………………………………………………(067)
　二、国内法律、法规……………………………………………(068)
　三、规则的适用性范围…………………………………………(068)
第二节　危险品运输的责任………………………………………(069)
　一、托运人责任…………………………………………………(069)
　二、运营人责任…………………………………………………(069)

第八章　危险品运输限制……………………………………………(071)
第一节　禁止运输的危险品………………………………………(071)
　一、在任何情况下都禁止航空运输的危险品…………………(071)
　二、经过豁免可以空运的危险品………………………………(071)
第二节　隐含的危险品……………………………………………(072)
第三节　旅客或机组人员携带的危险品…………………………(076)
　一、禁止携带的危险品…………………………………………(076)
　二、可以作为交运行李接收的危险品…………………………(076)
　三、仅可作为随身携带行李的危险品…………………………(077)
　四、可以作为随身携带或者交运行李携带的危险品…………(077)

五、可直接作为行李的危险品 …………………………………………… (077)

　第四节　航空邮件中的危险品 ………………………………………………… (079)

　第五节　运营人资产中的危险品 ……………………………………………… (079)

第九章　危险品的分类 ……………………………………………………………… (081)

　第一节　危险品类别 …………………………………………………………… (081)

　第二节　九类危险品介绍 ……………………………………………………… (082)

　　一、第1类——爆炸品 …………………………………………………… (082)

　　二、第2类——气体 ……………………………………………………… (084)

　　三、第3类——易燃液体 ………………………………………………… (085)

　　五、第5类——氧化剂和有机过氧化物 ………………………………… (089)

　　六、第6类——毒性物质和感染性物质 ………………………………… (090)

　　七、第7类——放射性物质 ……………………………………………… (092)

　　八、第8类——腐蚀性物质 ……………………………………………… (093)

　　九、第9类——杂项危险品 ……………………………………………… (093)

　第三节　危险品标志 …………………………………………………………… (094)

　　一、联合国危险货物运输标志 …………………………………………… (095)

　　二、分类标志 ……………………………………………………………… (096)

第四篇　值机离岗操作

第十章　值机工作简介 ……………………………………………………………… (105)

　第一节　值机服务范畴 ………………………………………………………… (105)

　　一、值机的定义和工作范畴 ……………………………………………… (105)

　　二、值机工作准备 ………………………………………………………… (105)

　　三、办理值机手续 ………………………………………………………… (106)

　　四、航班结载后的值机工作 ……………………………………………… (106)

　　五、航班结载起飞前的值机工作 ………………………………………… (107)

　　六、航班结载飞机起飞后的值机工作 …………………………………… (107)

　第二节　值机服务流程 ………………………………………………………… (108)

　　一、值机业务 ……………………………………………………………… (108)

　　二、值机岗位设置及各岗位基本要求 …………………………………… (109)

三、始发站和到达站的值机工作……………………………………（111）
四、中转服务……………………………………………………………（114）
五、预备知识……………………………………………………………（119）

第五篇 民航货物运输

第十一章 民航货运概述……………………………………………（123）

第一节 民航货运基础概念……………………………………（123）
一、航空货运的定义……………………………………………………（123）
二、航空货运的分类……………………………………………………（123）
三、运输相关责任人……………………………………………………（124）
四、航空货运的方式……………………………………………………（124）

第二节 民航货运相关机构简介…………………………………（125）
一、国际民用航空组织（ICAO）……………………………………（125）
二、国际航空运输协会（IATA）……………………………………（126）
三、中国航空运输协会（CATA）……………………………………（127）
四、国际货运代理协会联合会（FIATA）……………………………（128）
五、国际航空电信协会（SITA）……………………………………（130）

第三节 民航货运相关法律、法规………………………………（130）
一、《芝加哥公约》……………………………………………………（130）
二、《华沙公约》………………………………………………………（131）
三、《蒙特利尔公约》…………………………………………………（131）
四、《中华人民共和国民用航空法》…………………………………（132）

第四节 航空货物运输代理人……………………………………（133）
一、航空货运代理人的定义……………………………………………（133）
二、航空货运代理人的类型……………………………………………（134）
三、IATA 空运代理……………………………………………………（134）
四、集中托运人…………………………………………………………（135）

第五节 国内货物收运……………………………………………（136）
一、国内货物收运规定…………………………………………………（136）
二、国内货物收运的限制与要求………………………………………（136）

三、集装货物运输……………………………………………(138)
　第六节　货物标记与标签……………………………………(142)
　　一、货物标记…………………………………………………(142)
　　二、货物标签…………………………………………………(142)
　　三、货物标签贴挂注意事项…………………………………(145)

第十二章　托运书和航空货运单的填写……………………(146)
　第一节　货物托运书…………………………………………(146)
　　一、国内货物托运的一般规定………………………………(146)
　　二、货物托运书的填写………………………………………(147)
　第二节　航空货运单…………………………………………(150)
　　一、航空货运单简介…………………………………………(150)
　　二、航空货运单的填制………………………………………(151)

第十三章　其他货物运输处理………………………………(158)
　第一节　特殊处理的货物运输………………………………(158)
　　一、特种货物运输……………………………………………(158)
　　二、邮件运输…………………………………………………(166)
　第二节　货物不正常运输及处理方式………………………(168)
　　一、货物的不正常运输情况…………………………………(168)
　　二、货物运输变更……………………………………………(174)
　　三、无法交付货物……………………………………………(178)
　　四、货物运输责任与赔偿……………………………………(179)

附录一　国内主要城市机场三字代码…………………………(182)
附录二　代理人订座系统指令出错指引………………………(190)
附录三　代理人订座系统部分指令英文全称…………………(193)
附录四　中国民用航空危险品运输管理规定…………………(196)
附录五　民用爆炸物品安全管理条例…………………………(224)
附录六　中国民用航空货物国内运输规则……………………(237)
附录七　中国民用航空货物国际运输规则……………………(251)

参考文献…………………………………………………………(260)
编后记……………………………………………………………(261)

第一篇　民航运输基础

第一章　运输的概念及分类

第一节　运输业简介

一、运输的意义

运输是现代社会活动不可缺少的部分,是国家经济发展的大动脉,按照运输对象通常可分为货物运输和旅客运输。

货物运输就是物品借助于运力在空间上所发生的位置移动。具体地讲,货物运输就是通过各种运输手段(如火车、汽车、轮船、飞机等交通工具)使货物在物流节点(如仓库、商场、配送中心、物流中心等)之间流动,以改变"物"的空间位置的活动。其中包括集货、分配、搬运、中转、装入、卸下、分散等一系列环节。

旅客运输,是指人类自身利用各种交通工具进行"地点""空间"的转换。

运输具有扩大市场、稳定价格、促进社会分工、扩大流通范围等社会经济功能。现代社会的生产和消费就是通过运输事业的发展来实现的。运输一般包括生产领域的运输和流通领域的运输。生产领域的运输活动一般在生产企业内部进行,因此又称场内运输。场内运输包括原材料、在制品、半成品的运输,它是生产过程的一个组成部分,是直接为物质产品的生产服务的,这种场内运输有时也称为物料搬运。流通领域的运输活动则是流通领域里的一个环节，它以社会服务为目的，完成物品从生产领域向消费领域在空间位置上的物理性的转移。它既包括物品从生产所在地直接向消费所在地的移动，也包括物品从生产所在地向物流网点的移动和由物流网点向消费（用户）所在地的移动。为了区别生产领域的运输和流通领域的运输，以及长途和短途运输，在物流运输中，把生产领域内的运输称为"搬运"，而把从物流网点到用户的短途、小宗货物的末端运输称为"配送"。

二、运输的作用

现在，许多人都知道运输重要，应该重视。那么运输为什么重要？货物运输的实质是什么？究竟起什么作用呢？

运输是物质资料，包括原材料的物理性移动，从供应者到使用者的运输、包装、保管、装卸搬运、流通加工、配送以及信息传递的过程。这就是说活动本身一般并不创造产品价值，只创造附加价值。这样一讲，货物运输是不是多余了呢？答案无疑是否定的。因为任何产品都不可能在生产出来后不经过搬运、装卸、包装、运输、保管就立即消费，充其量就是节省货物运输的一个或两个环节。所以说货物运输是一个不可省略或者说不可跨越的过程，而且随着这个过程的发生，还会产生费用、时间、距离以及人力、资源、能源、环境等一系列问题。人们客观地认识这些问题，正确地对待、科学地解决好这些问题，才是唯一的正确态度和选择。笼统地说，货物运输的实质和作用主要表现在以下七个方面。

1. 保值

货物运输有保值作用。也就是说，任何产品从生产出来到最终消费，都必须经过一段时间、一段距离，在这段时间和距离过程中，都要经过运输、保管、包装、装卸搬运等多环节、多次数的货物运输活动。在这个过程中，产品可能会淋雨受潮、水浸、生锈、破损、丢失等。货物运输的使命就是防止上述现象的发生，保证产品从生产者到消费者移动过程中的质量和数量，起到产品的保值作用，即保护产品的存在价值，使该产品在到达消费者时使用价值不变。

2. 节约

搞好运输，能够节约自然资源、人力资源和能源，同时也能够节约费用。比如，集装箱化运输可以简化商品包装，节省大量包装用纸和木材；实现机械化装卸作业，仓库保管自动化，能节省大量作业人员，大幅度降低人员开支。重视货物运输可节约费用的事例比比皆是。被称为"中国货物运输管理觉醒第一人"的海尔企业集团，加强运输管理，建设起现代化的国际自动化货物运输中心，一年时间将库存占压资金和采购资金从15亿元降低到7亿元，节省了8亿元开支。

3. 缩短距离

货物运输可以缩短时间间隔、距离间隔和人的间隔，这自然也是货物运输的实质。现代化的货物运输在缩短距离方面的例证不胜枚举。在北京可以买到世界各国的新鲜水果，全国各地的水果也长年不断；邮政部门改善了货物运输，使信件的传递时间大大缩短，中国快递两天内就到美国，美国联邦快递能做到隔天送达亚洲15个城市；日本的配送中心可以做到上午10点前订货，当天送到。这种运输速度，把人们之间的地理距离和时间距离一下子拉得很近。人们逐渐感到这个地球变小了，各大洲的距离更近了。

城市里的居民不知不觉地享受到货运业进步的成果。南方产的香蕉全国各大城市一年四季都能买到；新疆的哈密瓜、宁夏的白兰瓜、东北大米、天津小站米等都不分季节地供应市场；中国的纺织品、玩具、日用品等近年大量进入美国市场，除了中国的劳动力价格低廉，国际运输业发达，国际运费降低也是重要原因。

4. 增强企业竞争力、提高服务水平

在新经济时代，企业之间的竞争越来越激烈。在同样的经济环境下，制造企业，比如家电生产企业，相互之间的竞争主要表现在价格、质量、功能、款式、售后服务上。可以讲，在工业科技如此进步的今天，像彩电、空调、冰箱等这类家电产品的质量、功能、款式及售后服务水平已经没有太大的差别，唯一可比的地方往往是价格。近几年全国各大城市此起彼伏的家电价格大战，足以说明这一点。那么支撑降价的因素是什么？如果说为了占领市场份额，一次、两次地亏本降价，待市场夺回来后再把这块亏损补回来也未尝不可。但是，如果亏本降价后仍不奏效会是什么后果呢？不言而喻，企业可能会一败涂地。在物资短缺的年代，企业可以靠扩大产量、降低制造成本去获取第一利润。在物资丰富的年代，企业又可以通过扩大销售获取第二利润。可是在新世纪和新经济社会，第一利润源和第二利润源已基本达到极限，目前剩下的"未开垦的处女地"就是运输。降价是近几年家电行业企业之间主要的竞争手段，降价竞争的后盾是企业总成本的降低，即功能、质量、款式和售后服务以外的成本降价，也就是我们所说的降低运输成本。

国外的制造企业很早就认识到了货运是提升企业竞争力的法宝，搞好运输可以实现零库存、零距离和零流动资金占用，是提高服务品质，构筑企业供应链，增加企业核心竞争力的重要途径。在经济全球化、信息全球化和资本全球化的21世纪，企业只有建立现代货物运输结构，才能在激烈的竞争中，求得生存和发展。

5. 加快商品流通、促进经济发展

在谈这个问题时，我们用配送中心的例子来讲最有说服力。可以说，配送中心的设立为连锁商业提供了广阔的发展空间。利用计算机网络，将超市、配送中心和供货商、生产企业连接，能够以配送中心为枢纽形成一个商业、运输业和生产企业的有效组合。有了计算机迅速及时的信息传递和分析，通过配送中心的高效率作业、及时配送，并将信息反馈给供货商和生产企业，可以形成一个高效率的商品流通网络，为企业管理决策提供重要依据。同时，还能够大大加快商品流通的速度，降低商品的零售价格，提高消费者的购买欲望，从而促进国民经济的发展。

6. 保护环境

环境问题是当今时代的主题，保护环境、治理污染是世界各国的共同目标。有人会问，环保与货物运输有什么关系？这里不妨介绍一下。

你走在马路上，有时会看到马路上有一层黄土，这是施工运土的卡车夜里从车上漏撒的，碰上拉水泥的卡车经过，你会更麻烦；马路上堵车越来越厉害，连骑自行车都难以通过，噪音和废气使你不敢张嘴呼吸；深夜的运货大卡车不断地轰鸣，使你翻来覆去睡不着……所有这一切问题都与货物运输条件落后有关。卡车撒黄土是装卸不当，车厢有缝；卡车水泥灰飞扬是水泥包装存在问题；马路堵车属交通设施建设不足。如果从货物运输的角度去考虑整改完善，这些问题都会迎刃而解。

比如，我们在城市外围多设几个货物运输中心、流通中心，大型货车不管白天还是晚上就都不用进城了，只利用两吨小货车配送，夜晚的噪音就会减轻；政府重视货物运输，大力建设城市道路、车站、码头，城市的交通阻塞状况就会缓解，空气质量自然也会改善。

7. 创造社会效益和附加价值

实现装卸搬运作业机械化、自动化，不仅能提高劳动生产率，而且能解放生产力，把工人从繁重的体力劳动中解脱出来，这本身就是对人的尊重，是创造社会效益。

比如，日本多年前开始的"宅急便""宅配便"，国内近年来开展的"宅急送"，都是为消费者服务的新行业，它们的出现使居民生活更舒适、更方便。当你去滑雪时，那些沉重的滑雪用具，不必你自己扛、自己搬、自己运，只要给"宅急便"打个电话就有人来取，人还没到滑雪场，你的滑雪板等用具已经先到了。

再如，超市购物时，那里不单单是商品便宜、安全，环境好，而且为你提供手推车，你可以省很多力气，轻松购物。手推车是搬运工具，这一个小小的服务，就能给消费者带来诸多方便，这也创造了社会效益。

从以上的例子我们能够看到，运输创造社会效益。随着运输的发展，城市居民生活环境、人民的生活质量可以得到改善和提高，人的尊严也会得到更多体现。关于运输创造附加值，主要表现在流通加工方面。比如，把钢卷剪切成钢板、把原木加工成板材、把粮食加工成食品、把水果加工成罐头，名烟、名酒、名著、名画都会通过流通中的加工，使装帧更加精美，从而大大提高了商品的欣赏性和附加价值。

三、运输提供两大功能：产品转移和产品储存

1. 产品转移

无论产品处于哪种形式，是材料、零部件、装配件、在制品，还是制成品，也不管是在制造过程中将被转移到下一阶段，还是更接近最终的顾客，运输都是必不可少的。运输的主要功能就是产品在价值链中的来回移

动。既然运输利用的是时间资源、财务资源和环境资源，那么，只有当它确实提高产品价值时，该产品的移动才是重要的。

运输之所以涉及利用时间资源，是因为产品在运输过程中是难以存取的。这种产品通常是指转移中的存货，是各种供应链战略如准时化和快速响应等业务所要考虑的一个因素，以减少制造和配送中心的存货。

运输之所以要使用财务资源，是因为有产生于驾驶员劳动报酬、运输工具的运行费用，以及一般杂费和行政管理费用。此外，还要考虑因产品损失损坏而必须弥补的费用。

运输直接和间接地使用环境资源。在直接使用方面，运输是能源的主要消费者之一；在间接使用环境资源方面，由于运输造成拥挤、空气污染和噪声污染而产生环境费用。

运输的主要目的就是要以最低的时间、财务和环境资源成本，将产品从原产地转移到规定地点。此外，产品损失损坏的费用也必须是最低的；同时，产品转移所采用的方式必须能满足顾客有关交付履行和装运信息的可得性等方面的要求。

2. 产品储存

对产品进行临时储存是一个不太寻常的运输功能，即将运输车辆临时作为储存设施。如果转移中的产品需要储存，但在短时间内（例如几天后）又将重新转移，那么，该产品在仓库卸下来和再装上去的成本也许会超过储存在运输工具中每天支付的费用。

在仓库空间有限的情况下，利用运输车辆储存也许不失为一种可行的选择。可以采取的一种方法是，将产品装到运输车辆上去，然后采用迂回线路或间接线路运往其目的地。对于迂回线路来说，转移时间将大于比较直接的线路。当起始地或目的地仓库的储存能力受到限制时，这样做是合情合理的。在本质上，这种运输车辆被用作一种临时储存设施，但它是移动的，而不是处于闲置状态。

概括地说，如果用运输工具储存产品可能是昂贵的，但当需要考虑装卸成本、储存能力限制，或延长前置时间的能力时，那么从物流总成本或完成任务的角度来看或许却是正确的。

第二节 运输业的分类

根据所使用的交通工具不同,现代运输业分为铁路运输、公路运输(汽车运输)、航空运输、水路运输和管道运输五种。

一、铁路运输

现代铁路运输是以电力、内燃机为动力,沿陆地上固定轨道行驶的一种运输方式。包括铁路客运和货运。铁路运输具有能耗较小、受自然条件影响较小、运输能力大、运输成本低、速度较快和安全性较高等特点,是现代运输当中长途和中途客货运的主要运输方式。图1-1为现代铁路运输中的磁悬浮列车。

图1-1 现代铁路运输:磁悬浮列车

二、公路运输

公路运输是以汽车为主要运输工具,在公路上运输旅客和货物的一种运输方式。它具有行驶便利、投资较少、建设周期短、机动灵活等特点,是现当代运输当中覆盖面积最广的运输方式,是目前所有运输系统当中最主要的运输方式。图1-2为现代公路运输车站。

图1-2　现代公路运输车站

三、水路运输

水路运输是人类历史上最早的大规模运输方式。水路运输包括内河运输、沿海运输和远洋运输。内河运输指利用船舶、排筏和其他浮运工具,在国家版图范围内的江河、湖泊、水库及人工水道运送旅客和货物;沿海运输是指利用船舶在沿海区域,包括岛屿间及岛屿与大陆之间运送旅客和货物;远洋运输是指利用船舶在海洋上进行国际或地区间旅客和货物的运输。水路运输适合距离远、数量大、对时间没有特殊要求的大宗物资运输。相对其他运输行业来讲,水路运输的建设成本最低、运输能力最大、占地少、能耗最低。水路运输是国际贸易最主要的运输方式,但是运输时间相对较长。图1-3为现代水路大型货物运输示例。

图1-3 现代水路大型货物运输

四、管道运输

管道运输主要用于能源运输，如利用管道运输液体（如汽油、水等）、气体（天然气等）。管道运输具有投资省、建设周期短、运输力大、占地少、受自然影响小、安全可靠等特点。管道运输是目前社会当中能源输送的主要方式。

五、航空运输

所有的运输方式当中，运输历史最短、发展最快、速度最快的是航空运输。图1-4为现代航空运输中的A380客机。

1. 速度最快

在所有的运输方式当中，航空运输是最为快速的。现代的喷气式飞机，时速都在900公里左右，能够实现一些时间限制较大的货物运输（例如海鲜品、医疗用品等）。

2. 基础设施建设周期短、投资少、见效快

航空运输的基础设施建设，除必要的航空器外，只需要修建机场和必要的导航点，这有别于地面运输在线路设备上要花费大量的资金和时间。

图 1-4 现代航空运输：A380 是世界上最大的宽体飞机

据计算，在两个相距 1000km 的城市之间修建一条地面交通线，在载客能力相同的条件下，修建铁路的投资是开辟航线的 1.6 倍，铁路的建设周期为 5~7 年，开辟航线只需要 2 年，铁路回收投资需要 33 年左右，航空运输只需 4 年。

3. 灵活性大

航空运输以飞机为主要运输工具，飞机一般作直线行驶，不像其他运输方式会受地域和地面环境的制约。因此飞机可以到达条件相对恶劣或者经济发展程度低的一些地方，对这些地方的经济推动有着巨大的作用。只有航空运输才可能完成灾区物资供应、人员疏散，局部地方的医药救济、后勤支援及其他一些紧急的政治、军事、经济任务。图 1-5 为物资空投示例。

图 1-5 物资空投

4. 舒适安全

现代喷气式客机由于飞行平稳、客舱宽敞、噪音低，机内有娱乐餐饮等设施，旅客乘坐的舒适性较高。同时随着科学技术的不断发展，特别是航空科学技术的进步以及对民用航空器适航性的严格要求和对空中交通管制设施的改进，航空运输的安全性有了长足的进步。图 1-6 为现代客机客舱示例。

图 1-6 现代客机舒适的客舱

本章练习题

1. 简述运输的重大意义。

2. 简述航空运输相对其他运输业的优势。

3. 简述运输的分类。

第二章 我国机场航空公司知识

第一节 机场基础知识

民用机场是指专供民用航空器起飞、降落、滑行、停放以及进行其他活动使用的划定区域,包括附属的建筑物、装置和设施。民用机场包括临时机场和专用机场供航空器起飞、降落和地面活动而划定的地域,包括域内的各种建筑物和装备设施,主要分为飞行区、旅客航站区、货运区、机务维修设施、供油设施、空中交通管制设施、安全保卫设施、救援和消费设施、行政办公区、生活区、辅助设施、后勤保障设施、地面交通设施及机场空域等。

一、机场的分类

根据机场经停客货航班业务性质,分为国际机场、航班机场、通用航空机场、枢纽机场等类型。

(1)国际机场,是指国际航班出入境指定的机场,它须有办理海关、移民、公共健康、动植物检疫和类似程序手续的机构(如阿布扎比机场,见图2-1)。

图 2-1　国际机场：阿布扎比机场

（2）航班机场，提供国内定期客货运航班服务的普通民用机场。

（3）通用航空机场，用于航空飞行（直升机等），一般情况并不提供与航班飞行相关的设施和服务。

（4）枢纽机场，就是能提供一种高效便捷、收费低廉的服务，从而让航空公司选择它作为自己的航线目的地，让旅客选择它作为中转其他地方的中转港［如香港启德机场、广州白云机场（图2-2）、上海虹桥机场］。

图 2-2　枢纽机场：广州白云机场

二、机场的布局

（1）机场总体布局应与国民经济社会总体发展战略和航空市场需求相适应，促进生产力合理布局、国土资源均衡开发和国民经济社会发展。

（2）机场区域布局应与区域经济地理和经济社会发展水平相适应，与城市总体规划相符合，促进区域内航空资源优化配置、社会经济协调发展和城市功能提升完善。

（3）机场布局应与其他运输方式布局相衔接，促进现代综合交通运输体系的建立和网络结构优化，并充分发挥航空运输比较优势，提高综合交通运输整体效率和效益。

（4）机场布局应与航线网络结构优化、空管建设、机队发展、专业技术人员培养等民航系统内部各要素相协调，增强机场集群综合竞争力，进一步提高民用航空运输整体协调发展能力和国际竞争力。

（5）机场布局应与加强国防建设、促进民族团结及开发旅游等资源相结合。重视边境、少数民族地区特别是新兴旅游地区机场的布局和建设，拓展航空运输服务范围，增强机场的国防功能。同时考虑充分有效利用航空资源，条件许可时优先合用军用机场或新增布局军民合用机场。

三、我国机场的管理模式

（1）中央政府直接管理。属地化改革时，国家保留了首都机场、西藏自治区机场的所有权，由民航局、中国民用航空西藏自治区管理局管理。这种管理模式体现了机场对于国家政治稳定的重要意义，经营管理过程更多反映了国家政府的意志。

（2）地方政府直接管理。大多为中小城市机场，规模较小但是在服务地区经济发展和居民出行方面发挥着不可或缺的作用，地方政府承担机场管理的责任，并成立专门的部门。

（3）地方政府委托管理，地方政府拥有。这是属地化改革后我国机场的主要特征。不同地方政府对于机场的管理采取不同的方式，其中委托代理是普遍的方式。这种方式下，政府将经营管理权交由三种委托对象：机场集团公司（首都机场集团、省机场集团、西部机场集团等）、机场管理公司、航空运输企业（海航、深航等）。

（4）混合所有，委托管理。混合所有是我国机场伴随市场经济发展呈现的新特征，尤其是放宽了民营资本进入机场业之后。我国机场通过上市、引进民资、引进外资等方式实现了投资主体和股权多元化，拓展了机场的资金来源，拓宽了机场的发展空间。

（5）我国机场现状。经过几十年的建设和发展，我国机场总量初具规模，机场密度逐渐加大，机场服务能力逐步提高，现代化程度不断增强，初步形成了以北京、上海、广州为中心，以成都、昆明、重庆、西安、乌鲁木齐、深圳、杭州、武汉、桂林、天津、南京的枢纽机场为骨干以及其他城市支线机场相配合的基本格局，我国民用运输机场体系初步建立。

截至 2006 年底，我国共有民航运输机场 147 个（不含港澳台地区），其中军民合用机场 45 个。全国机场平均密度为每 10 万平方公里 1.53 个。按飞行区等级划分，4E 级机场 25 个、4D 级机场 35 个、4C 级机场 58 个、3C 级机场 29 个；按经济地理分布，东部地区 41 个、中部地区 25 个、西部地区 69 个、东北地区 12 个；按地区划分，东北、华北、华东、中南、西南、西北 6 个地区的机场数量分别为 12 个、18 个、37 个、25 个、31 个和 24 个，以每 10 万平方公里计，密度分别为 1.51 个、1.16 个、4.67 个、2.57 个、1.53 个和 0.81 个。表 2-1 为我国 2010 年机场吞吐量排名。

表 2-1 我国 2010 年机场吞吐量排名

排名	机场名称	吞吐量（吨）	增减
1	北京首都	7393 万	13.1%
2	广州白云	4096.56 万	10.60%
3	上海浦东	4040.57 万	26.60%
4	上海虹桥	3129.88 万	30.20%
5	深圳宝安	2671.36 万	9.10%
6	成都双流	2576.88 万	13.80%
7	昆明长水	2019.46 万	6.60%
8	西安咸阳	1801.03 万	17.80%

续表

排名	机场名称	吞吐量（吨）	增减
9	杭州萧山	1706.86 万	14.20%
10	重庆江北	1580.01 万	12.60%
11	厦门高崎	1320.67 万	16.60%
12	长沙黄花	1262.13 万	11.90%
13	南京禄口	1252.84 万	15.60%
14	武汉天河	1164.68 万	3.00%
15	青岛流亭	1110.12 万	14.90%
16	大连周水子	1070.36 万	12.10%
17	三亚凤凰	929.40 万	17.00%
18	乌鲁木齐地窝堡	914.83 万	39.10%
19	海口美兰	877.38 万	4.56%
20	郑州新郑	870.7 万	18.59%
21	沈阳桃仙	861.99 万	14.9%
22	天津滨海	727.71 万	25.9%
23	哈尔滨太平	725.95 万	10.7%
24	济南遥墙	689.89 万	17.9%
25	福州长乐	647.68 万	18.8%
26	贵阳龙洞堡	627.17 万	10.3%
27	南宁吴圩	563.29 万	24.6%
28	温州永强	532.68 万	10.5%
29	桂林两江	525.93 万	−1.1%
30	太原武宿	525.28 万	13.4%

第二节　国内机场三字代码知识

机场三字代码，是国际航空运输协会（IATA）为了方便民航规范化管理，根据各个机场的情况设定的。根据不同的缘由，我们大致总结出以下一些规律。

第一种类型：英文名称

一些机场三字代码是中国城市音译的英文的缩写，不过这些城市的英文名现在都不用了。比如北京原来的英文是 Peking，所以北京的代码是 PEK；成都 Chengtu，缩写 CTU；广州 Canton，缩写 CAN。又如：

南京：Nanking（NKG）　　青岛：Tsingtao（TAO）

西安：Hsian（SIA）　　　天津：Tientisn（TSN）

桂林：Kweilin（KWL）　　宁波：Ningpo（NGB）

汕头：Swatow（SWA）　　福州：Foochow（FOC）

杭州：Hangchow（HGH）　乌鲁木齐：Urumqi（URC）

重庆：Chungking（CKG）

第二种类型：拼音简写

一些机场三字代码是取用其城市拼音缩写或其中一部分拼音。比如银川：YinChuan（INC）取用中间的三个字母；沈阳：ShenYang（SHE）取用前三个字母。又如：

武汉：WUH　　　　海口：HAK

九寨黄龙：JZH　　哈尔滨：HRB

珠海：ZUH　　　　徐州：XUZ

库尔勒：KRL　　　西安咸阳：XIY

厦门：XMN　　　　太原：TYN

温州：WNZ　　　　湛江：ZHA

达县：DAX　　　　万州区：WXN

晋江：JJN　　　　上海：SHA

西宁：XNN　　　　合肥：HFE

广汉：GHN　　　　连云港：LYG

第三种类型：拼音缩写+X 或者 G

一些机场三字代码是由拼音的简写加上字母 X 或者 G 的组合。例如：

深圳：ShenZhen（SZX）　　长沙：ChangSha（CSX）

三亚：SanYa（SYX）　　　昆明：KunMing（KMG）

丽江：LiJiang（LJG）　　西双版纳景洪机场：JingHong（JHG）

张家界荷花大庸机场：DaYong（DYG） 绵阳：MianYang（MIG）

香格里拉迪庆机场：DiQing（DIG） 南宁：NanNing（NNG）

南通：NanTong（NTG）

上面所有的分类都是我们在日常的工作和学习当中的一些经验总结，当然有不完善的地方，希望同学们在学习的过程中根据自己的习惯找到适合自己的方法。还有一些比较生僻的机场代码，比如南昌 KHN、济南 TNA、兰州 LHW，这些是完全没有什么规律可循的。

第三节 我国民航发展历程和航空公司概况

一、旧中国时期（1920—1949 年）

1909 年，旅美华侨冯如（被称为东方莱特，见图 2-3）成功制造第一架飞机并成功试飞（图 2-4 为冯如和他制造的飞机），从此拉开了中国航空事业的序幕。1918 年北洋政府设立航空事务处，这是中国第一个主管民航事务的正式管理机构。1920 年开通北京至天津航线，这是我国第一条航线。1928 年政府开始筹办民用航空，1929 年成立沪蓉航空管理处，当年开通了上海至南京航线，随后与美商合资组建中国航空公司（1930 年），

图 2-3 "东方莱特"，中国第一个设计制造飞机的人——冯如

与德国汉莎航空公司组建了欧亚航空公司（1931 年，1943 年改组为中央航空公司），西南五省的地方势力和商界合作组建了西南航空公司（1933 年）。直到抗日战争爆发前的 8 年左右，中国民航取得了初步的发展，开通了沪平（上海—北京）、沪粤（上海—广州）、沪蓉（上海—成都）、沪—兰州—迪化（上海—兰州—乌鲁木齐）、北平—广州、兰州—包头、西安—昆明、广州—海口、广州—南宁、西安—昆明、迪化—塔城等航线，

1936年开通了第一条国际航线广州—河内,到1936年年底全国共有航线里程超过两万千米。

图2-4 冯如和他制造的飞机

二、计划经济时期(1949—1978年)

1949年中华人民共和国成立,11月9日,总部已经迁到香港的中国航空公司和中央航空公司的总经理刘敬宜和陈卓林宣布起义,两个航空公司4000余名员工服从中央人民政府领导,并率领12架飞机飞回内地(据载,11架飞机飞往天津,1架飞往北京),这就是民航史上意义重大的"两航起义"(见图2-5),为新中国的民航发展奠定了基础。

图2-5 "两航起义"的珍贵照片

1949年到1978年是新中国民航事业发展的第一个时期。1949年成立中央军委民航局,统管全国民航事务,1954年民航局归国务院领导,更名为中国民航总局，对民航的机场、飞机、经营、航线等各方面进行统一领导，在业务上民航总局仍然从属于空军的领导，是一个半军事化的行业，主要服务于各项政治和军事目的，航空运输和通用航空的发展受到很大的制约。

三、改革开放时期（1978—1997年）

1978年我党召开第十一届三中全会，党和国家的工作重心放到了国民经济的建设上面，并提出了改革开放政策。1980年经过两年的酝酿，中国民航正式从军队领导转为由政府领导，成为一个从事经济发展的业务部门，中国民航开始走上现代化的道路。

1978年到1987年10年间，中国民航发展迅速，国内航线大大增加，民航运输总周转量由1978年的2.9亿吨公里增加到1987年的20亿吨公里，世界排名由37位上升到17位，年平均增长率为22%。到1997年，民航运输的总周转量达到86亿吨公里，世界排名第10位，我国成为名列前茅的世界航空大国。

本章练习题

1. 填空（根据三字代码或二字代码写出对应的名称，反之亦然）。
   KHN_____   TNA_____   PZI_____   SJW_____
   3U_____   CA_____   HU_____   ZH_____
   太原_____   厦门_____   青岛_____   合肥_____
   乌鲁木齐_____   HET_____   海口_____   三亚_____
   昆明_____   丽江_____   桂林_____   贵阳_____

2. 总结每个月的月份代码（每个月英文名称的前三位）。

3. 总结在常用机型当中200座以上的机型。

【小知识】

国产新舟 60

最初原型机称为运 7—200A 型。新舟 60 大量采用国外技术成熟的部件，换装普拉特·惠特尼公司 PW—127J 型涡桨发动机，按照新机设计要求，对驾驶舱内操纵系统、电子设备、警告系统、仪表板和操作台等进行了全新配套设计。新舟 60 是中国首次按照与国际标准接轨的中国民航适航条例 CCAR—25 进行设计、生产和试飞验证的飞机。在飞机的研制过程中，西安飞机工业（集团）有限责任公司采取多种国际合作方式，包括向波音公司技术咨询、引进成品的技术培训、聘请乌克兰飞机设计专家咨询、特邀加拿大试飞员协助试飞等。西飞按照 CCAR—142 部标准建立了新舟 60 飞机飞行训练中心。

第二篇　民航旅客运输

第三章　国内客票销售运价系统

第一节　国内客票运价基础

一、民航运价概述

1. 民航运价的定义

民航运价是指民航运输产品的价格,是旅客或货物在民航运输过程中由始发地机场至目的地机场的价格,不包括地面运输费用。

2. 运价制定的原则

民航运价制定的原则主要有以下五点:

(1) 以运输价值为基础,以运输成本为依据。

(2) 符合商品定价原则,保证有合理的利润,确保企业的正常运转。

(3) 有利于运量在各种运输方式中的合理分配,运输企业生产的是同一产品,由此决定了在一定条件下各种运输方式的相互替代性,民航运价制定的原则要有利于运量在各种运输方式中的合理分配,从而促进各种运输方式的合理分工。

(4) 有利于提高运输的运载率、客座率,有利于促进运输企业自身的发展。

(5) 有利于照顾消费者的利益。

3. 民航运价的特点

民航运价的特点是由航空运输行业的技术经济特性决定的，它的主要特点如下：

（1）运价与运输距离有密切关系。

运价的制定是以运输成本为主要依据的，运输成本是随着运输距离的远近而发生变化的，因此，运价与运输距离有密切关系。通常来说，运输距离越长，运输总成本越大；但就航空运输的单位成本而言，运输距离越长，平均运输成本越低。反之，航空运输距离越短，平均运输成本越高。

（2）运价只有销售价格一种形式。

一般的实际产品有出厂价格、批发价格、促销价格、零售价格等，由于运输产品的生产与消费具有同时性，产品生产的过程即是消费的过程。所以运价只有销售价格一种形式，没有其他中间价格。

（3）运输价格较高。

航空运输的过程中，需要消耗的能源巨大，使得运输成本偏高，因此运输价格也较高。

（4）运价有比较复杂的差价体系。

运价随运输对象的类别不同、运输方式和运输距离的不同而变化。根据客舱布局、餐食以及服务标准的等级差别，在大型客机上分为头等舱、公务舱、普通经济舱票价。

二、票价种类

1. 按服务等级不同

服务等级是指为旅客提供服务的等级，按照提供服务的等级不同收取不同的票价。国内航线的客运价一般分为三个服务等级：头等舱、公务舱、经济舱。

（1）头等舱票价。

一般国内航空公司的航班，一个航班上面设置 8 个头等舱座位。头等舱座位是整个航班上面位置最优、服务最好、乘机人感觉最舒适的。在 2012 年以前，头等舱（F）的价格都是固定的，为经济舱全价（Y）的 150%，但是目前各航空公司都进行了改变，头等舱的价格在经济舱全价的 150%~400% 不等。国内航班乘机人乘坐头等舱可免费携带行李 40kg。

（2）公务舱票价。

公务舱是整个航班中，服务、座位次于头等舱，高于经济舱的。在 2012 年以前公务舱（C）的价格固定为经济舱全价的 130%，但在目前公务舱的价格最低可能和经济舱全价一样，最高可达全价的 200% 左右。国内航班乘机人乘坐公务舱可免费携带行李 30kg。

（3）经济舱票价。

经济舱是目前所有航空公司航班设计当中范围最广的，经济舱的价格也是多样化的。一般航空公司会根据自己航班的销售情况调节经济舱的销售运价。国内航班旅客乘坐经济舱的旅客可免费携带行李 20kg。国内航空公司的航班通常都会进行促销，此事涉及运价的折扣计算，凡是计算折扣运价，国内客票尾数绝对为 0，进行四舍五入。

2. 按旅客的行程方式

（1）单程票价 OW。

也就是一次单边的行程运价，乘机人从始发地去往最终目的地只有一段行程的运价。

（2）往返运价 RT。

是指乘机人在去往某地的时候就决定了什么时间返回，乘机人从始发地出发，到达目的地以后又返回始发地行程的运价。

（3）联程运价。

是指乘机人由于自身原因或者航班布局原因，通过一次航班不能完全达到目的地，只能通过几次转机这种行程方式所产生的运价。

3. 按旅客的年龄不同

（1）成人客票。

年满 12 周岁，无论中国居民还是外籍居民，均须购买成人客票。

（2）儿童客票。

年满 2 周岁，未满 12 周岁的旅客应购买儿童客票。儿童客票一般是成人客票全价的 50%，免除机场建设费，燃油附加费减半（注意减半的过程四舍五入，客票价格尾数为 0）。儿童客票会单独占座。目前航空公司由于航班促销价格的执行，有的航空公司规定：当儿童客票运价（五折儿童票）高于成人促销价格的时候，儿童可购买成人客票促销价格，同样享受免税的政策。

（3）婴儿客票。

已满14天（2周），未满2周岁的孩子，应购买婴儿客票。婴儿票不占座（成人抱着），婴儿客票是成人客票经济舱全价的10%，免除机场建设费和燃油附加费。按民航总局规定，一名成人只允许携带1名婴儿。如果携带两名婴儿，另外一名婴儿则需购买儿童票（需要占座）。

第二节　国内客票简介

1. 国内客票

定义，国内票分为纸质客票和电子客票两种类型，是航空公司或者航空客票代理公司根据乘机人要求填开的国内航班乘机的基本凭证。客票至少包含以下信息：

（1）航班承运人（航空公司）。

（2）出票人、单位、时间、地点。

（3）乘机人信息：旅客姓名及证件信息。

（4）航班的始发地、经停地、目的地。

（5）航班号、座位等级。

（6）航班时刻、航班出发日期。

（7）价格及付款方式。

（8）票号。

（9）后续服务规则：改期、退票限制等。

2. 国内客票有效期

国内客票的有效期一般为一年，以旅客的出发日期起计算。在有效期内乘机人可使用或者进行改期或者退票。航空公司或者航空客票代理人只能处理有效期内的客票。

3. 航空客票代理

航空客票代理，是指代理销售各航空公司客票的公司或者单位。是通过国际航协（IATA）认证，和航空公司双方共同许可的。其从事销售各航空公司的客票、处理客票后续服务，从中获取利润。一般按照业务范围的不同可分为国内代理（二类代理人）和国际代理（一类代理人）。

一类代理人，可销售许可范围内的所有国际、国内航空公司航班的客票。

二类代理人，只能销售许可范围内的所有国内航空公司航班的客票。

4. 电子客票

2007年，我国所有航空公司全面实现电子客票。电子客票相对于纸质客票来说更加便捷，为我国民航的飞速发展奠定了坚实的基础。

电子客票也叫无纸化客票（Electronic Ticket），是普通客票的电子化形式，旅客的购买记录保留在航空公司的订座系统内，旅客不会收到纸质客票。电子客票比纸质客票方便很多，不会像纸质机票一样会造成丢失或被偷窃。旅客应该保留一张电脑生成的行程单。除此旅客应写下电子机票订单号作为订座证明。使用电子客票乘坐飞机的手续很简单，只要凭身份证，旅客无须再出示机票，在飞机起飞前1小时左右到机场值机柜台换取登机牌，过安检，上飞机。避免了因机票丢失或遗忘造成的不能登机的尴尬。

电子客票究竟有哪些优势呢？

（1）电子客票不需要配送，旅客一个电话或通过网上预订机票就能自助完成。

（2）购买成功后，凭有效证件就可以顺利登机，很方便。

（3）电子客票订购、更改与退票直接通过互联网或客服电话就能实现。

（4）在某些条件下，购买电子客票的价格比传统机票更为优惠。

（5）旅客订购机票可以在异地完成。

（6）纸质机票丢失后，需要挂失一年，如果没人冒领冒退，才能退票。电子客票在购买后一年有效期内均可退票。

（7）对航空公司和民航相关服务单位来讲，电子客票能够更好地节约成本，方便管理，及时有效地处理后续服务。

（8）低碳环保，电子客票无疑能够在一定程度上减少对纸张的使用，减少了树木的砍伐。

第三节　航空客票销售系统

一、系统的由来

为缩小与国外航空公司在科技方面的差距，参与国际航空市场的激烈竞争，民航企业必须实现业务处理自动化。1978年，中国民航总局提出将计算机技术引入民航业务的设想。当时计算机技术在国内属新技术，在民航领域的应用更是一项空白。因此，民航计算机系统采用"租买结合"的方案。计算机技术首先在售票业务中应用。

1981年，中国民航租用了总部设在美国亚特兰大的GABRIEL系统进行国际航班的售票，直至1985年。1985年，中国民航经国家有关部门批准，经过全面的选型和论证，投资新建订座网，年底正式运行。此订座系统采用UNISYS的整体解决方案，其中包括主机、系统软件、通信网络系统、USAS应用系统（含订座、离港、货运）。1986年7月1日，民航广州地区的国内航线订座正式使用这套计算机订座系统。1989年10月27日，将原GABRIEL系统中的终端成功转接到中国民航自己的系统中，从而真正建立起中国民航自己的、分布于全球的计算机订座网络。

1993年，民航订座系统的功能得到了飞跃发展：自动出票系统全面投产。经过十几年的摸索、更新和升级，于1995年建成了民航卫星通信网，解决了困扰通信的关键难题。为适应国内蓬勃发展的机票销售代理业务，遵循代理分销订座与航空公司订座系统相互独立的国际惯例，1996年1月，在原订座系统的基础上，完成机票代理人订座系统（Computer Reservation System，CRS）与航空公司订座系统（Inventory Control System，ICS）的分离，建成了中国民航的CRS。借助于CRS，国内航空运输企业与国际上各大代理人分销系统（Global Distribution System，

GDS）开展对等的商务合作，实现外航航班直接销售，既满足了国内航空公司在国外的销售需求，又满足了国内代理商销售国外航空公司服务的需求。这些都有效地促进了国内销售代理事业的发展，使中国代理销售市场朝着健康、有序的方向发展，为中国航空旅游业走向国际市场奠定了基础。

二、我国订座系统

中国民航的订座系统包括 CRS 和 ICS。ICS 有 20 多家国内航空公司的数据，主要进行航班方面的管理。代理人分销系统 CRS 为代理人提供航空产品和非航空产品的销售。

中国 CRS 与 ICS 主机硬件和数据库相互独立，采用的技术连接方式是无缝存取级（Seamless），这是直接销售级中的最高级别，使得系统连接极其紧密，可随时进行数据交换。航空公司的航班信息传送到代理人系统，代理人建立的订座记录也会传给航空公司系统。先进的技术手段，保证了系统间联系的准确性。代理人在销售国内航空公司的座位时基本感觉不到是在不同系统进行销售，销售的实时性和准确性是十分高的。航空公司的管理人员，借助于 ICS 与 CRS 的实时连接，可完成如下功能：

（1）各类 PNR 的提取，座位确认、取消、修改 PNR 中的航段。

（2）随时向 CRS 拍发航班状态更改信息。

（3）针对 CRS 中的具体订座部门进行座位销售的分配和限制。

此外，为将我国的航空市场推向世界，中国 CRS 可以与国外航空公司的 ICS 连接，也可同国际上的大 CRS 连接。CRS 如何销售航空公司的座位是由 CRS 与 ICS 的技术连接方式及商务协议决定的。不同协议等级使得它们之间传递数据时有着不同的影响。ICS 加入 CRS 的协议等级主要有无协议级、AVS 级、直接存取级、直接销售级。目前，中国民航 CRS 已与国外主要航空公司系统建立了级别较高的连接，可使代理人方便地查询和销售世界上绝大多数的航空公司的航班座位。对于暂时无高等级连接的航空公司，代理人也可以在本系统内查询到该航空公司航班信息并通过申请方式订取座位。由于国外航空公司的数据不在中国民航的主机系统内，要想进行正常的销售，必须与外航系统连接，才能进行数据交换。

由此,可以得出中国民航代理人分销系统的航班数据来源:

(1) 中国民航航空公司系统 ICS。

(2) 国外航空公司系统。

(3) 国外 GDS。

(4) 静态航班数据。

表 3—1 连接协议等级与标识

连接协议等级	标识
无协议级	空格
AVS级	TY
直接存取级(Direct Access)	*
直接销售级(Direct Sell)	DS
记录编号反馈	AB

第四节 常用专业术语

客票销售工作是民航旅客运输服务工作中一项最重要的工作。客票销售最为主要的就是使用民航订座系统。为了民航各企业之间在办理民航旅客运输服务业务中正确地表达各种相关信息,国际上对于订座工作中的专业术语,规定了一致的含义。

(1) 订座(Booking or Reservation):在特定航班上,对旅客预定的座位、舱位等级或对行李的重量、体积的预留。

(2) 超售(Oversales):航班上已订妥的座位数略大于飞机提供的座位数。

(3) 出票时限:在起飞日之前出售工作必须完成的最短时间限制。对于旅客所预订的机位,航空公司具有一定的保留时限,一般要求提前 3 天出票,否则座位将会被航空公司取消。不同的航空公司各有不同的时限规定。

（4）承运人：执行该航班的航空公司。

（5）旅客订座记录（Passenger Name Record，PNR）：记录旅客行程必要信息的编码，包括乘机人姓名、出发日期、航班时刻、联系方式、订座人信息等。由6位不规则的字母或者数字随机产生。为了方便区分，编码当中不会出现字母O和I，只会出现数字0和1。

（6）航班：飞机从始发地按照规定航线起飞经过经停站到达目的地的运输生产，航班分为去程航班和返程航班。

（7）班次：在单位时间内，通常以一周为标准，航班执行飞行的次数（包括去程和返程）。

（8）去程航班：从该飞机所在的基地机场出发，往外部机场飞行。反之为返程航班。

（9）国际航班：指该航班的所有行程当中包含国际的行程的航班，反之为国内航班。

（10）航班号：为了便于区分每一个航班和航班时刻，民航运输中按照一定的规律给予各个航班编以不同的号码，并加上航空公司代码。

我国国内航班号的编排：一般航空公司二字代码加上4位数字的为国内航班；航空公司二字代码加上3位数字的为国际航班。尾数为单数是去程航班；尾数为双数的为返程航班。各个航空公司会根据航班所在的区域分别用不同的数字进行编排。

（11）航程：飞行中所经停路线的空中距离，也称为航线距离。

（12）航段：航程中两个经停或始发目的地的部分，例如：CTU—PEK。

（13）始发地：该航班或客票上列明的出发地。

（14）目的地：该航班或客票列明的最终到达的地方。

（15）联程运输：旅客的航程由两个或两个以上不同航班所组成的运输。A. 纯国内航班的衔接时间不得少于1.5小时；B. 国际转机的时间不得少于2小时。

（16）团队客票：一般是指大于等于10人的客票，按团队客票操作，一般会向航空公司进行团队客票价格申请（通常为一团一个价），按照航空公司相关客票规定规范操作。

（17）行程方式：单程 OW，是指从一个出发地到一个目的地的客票；往返程 RT，是指从始发地至目的地并按原航程返回始发地的客票；联程是指列明有两个以上（含两个）行程的客票；缺口程 OJ，是指两个以上行程的客票，中间改用其他交通工具而断了的、不连续的行程。

【小知识】

什么时候购买机票最便宜

通常国内客票提前 15 天左右购买，价格是最优惠的。当然在淡季的时候除外，因为淡季的时候航班本来上座率就达不到目标，航空公司在航班临近起飞的时候还会有大幅度的促销，所以通常淡季的时候购买客票提前一两天即可。购买国际客票（包括港澳台），一般需要提前 45 天左右，如果有国际行程的朋友需要提前一个半月就要做好计划。

本章练习题

1. 简述电子客票的优势。

   _____
   _____
   _____
   _____

2. 简述我国航班号编排的原则。

   _____
   _____
   _____
   _____

3. 填空。

   （1）儿童客票一般适用年满_____周岁未满_____周岁的乘机人。

   （2）婴儿票一般适用年满_____天未满_____周岁的乘机人。

第四章 民航客票销售系统基础

第一节 客票销售系统简介

中国民航客票销售系统简称售票系统,是中国民航信息网络股份有限公司(简称中国航信)以中国民航商务数据网络为依托建立的系统,包括代理人分销系统(CRS)和航空公司系统(ICS)、离港系统、货运系统三个大型主机系统为支柱的发展格局。主机系统已发展成为中国最大的主机系统集群,担负着中国民航(包括国内所有航空公司)重要的信息处理业务。

民航销售人员通过显示终端使用系统,在国内主要名称为 Eterm(见图 4-1)。Eterm 软件是由中航信自主开发的通用网络前端销售平台,该产品以普通 PC 电脑 Win98 及以上为软件操作平台,采用软件仿真终端,综合其他先进软件技术,通过 Internet 或中国民航商务数据网访问中航信主机系统,在实现与传统订座终端完全相同的功能基础上,增加了图形化操作功能。

图 4-1 Eterm 程序图标

在代理人分销系统中,代理人的信息如部门代号(Office Code)、部门终端号(Device PID)、代理人工作号以及代理人得到授权的航空公司等信息,都被建立在系统数据库中。一个代理人至少有一个部门代号,如

CTU120、PEK149、CTU165。

代理人工作号包括密码、级别等内容。在 CRS 系统中，工作级别一般为 41 级，每个工作职能在自己的部门使用，不同的工作号级别具有不同的工作权限。

一个部门中可以有多台终端，而每一个终端职能属于一个部门；同一个部门可以共享打票机；每台终端或打票机都有唯一的一个 PID。

系统向代理人提供了一组控制指令，包括 DA、SI、SO 等访问民航系统主机。

下面我们主要介绍下民航 CRS 系统的主要功能：

(1) 航班查询。代理人可以通过 CRS 系统查询当前所有的航班数据，包括国际、国内所有的航班数据：

①航班号。

②舱位情况。

③航班销售情况。

④航班所使用的机型。

⑤航班起飞和到达的航站楼信息。

⑥航班餐食情况。

⑦航班时刻，该航班的起飞时间和到达时间，预计飞行时间。

(2) 航班周期查询。代理人可以通过 CRS 系统查询指定航班在某段时间内的飞行周期。

(3) 旅客订座。代理人可以通过系统为旅客预订客票和座位。

(4) 乘机人信息提取。代理人可以通过已知的信息提取旅客的乘机人数据，包括旅客的航班时刻、出发日期、乘机人的姓名和证件信息等。

(5) 其他民航相关信息的查询。例如异地的时差情况、某城市的天气状况以及民航常用代码等。

(6) 民航相关行业产品的预订。比如酒店、旅游产品的预订。

(7) 销售数据统计和结算。

通过未来对代理人分销系统的建设，中国航信的代理人分销系统将发展成为服务于整个航空及旅游业的一个通用系统。除了原有的航空运输业外，旅馆、租车、旅游公司、铁路公司、游轮公司等的产品分销功能也将纳入代理人分销系统中，使中国航信的代理人分销系统能够提供一套完整的旅游服务。经过技术与商务的不断发展，中国航信的代理人分销系统将能够为旅行者提供及时、准确、全面的信息服务，满足消费者旅行中包括交通、住宿、娱乐、支付及其他后续服务的全面需求。

第二节　进入系统

一、终端状态查看 DA

订座终端线路接通后，我们便可以进入系统，进行航班信息查询及座位销售。

首先我们输入：（在输入指令前面注意添加"▶"，使用 ESC 键，一般如果顶部最左上角输入指令则不需要添加，其他任何地方输入指令都注意是否有"▶"）

▶＄＄OPEN TIPC3（注意指令的发送方式一共有三种：A. 用鼠标在该条指令的最后进行双击；B. 光标在最后的时候使用 F12 键；C. 台式机，用数字键盘的 ENTER 键）

系统显示：

SESSION PATH OPEN TO：TIPC3

这就表示已经进入了中国民航 CRS 系统。

中国民航系统的表示分别为：

TIPB—（ICS 航空公司系统）　　DEMB

TIPC3—（CRS 代理人系统）　　DEMC

TIPJ—（DCS 离港系统）　　DEMJ

DA 用于查看是否输入营业员工作号，以及本台终端的 PID 号。指令格式如下：

▶DA：（注意系统当中所有的符号都是英文字符，系统当中指令大小写都认可）

例如：DA 输入后显示

```
A *   12344   24JUL   0732   41   CTU001
B   AVAIL
C   AVAIL
D   AVAIL
E   AVAIL
PID  = 62371   HARDCOPY = 1112
TIME = 1318   DATE = 24JUL   HOST = LILY
AIRLINE = 1E   SYSTEM = CAAC09   APPLICATION = 3
```

上方显示：当前所使用的系统 Office 号为 CTU001，PID 号为 62371，工作号为 12344。

注意：

（1）一台终端有 5 个工作区 A、B、C、D、E，可以分别被 1~5 个工作人员使用。

（2）AVAIL 表示工作区域资源未被占用。

（3）系统中的每台终端都有唯一的由控制人员定义的终端号（PID 号），HARDCOPY 表示打票机号。

（4）用户在日常工作中，应明确 DA 中，PID 项是一个重要的参数。当终端不能工作时，维护人员经常要问到终端的 PID 号。DA 中的其他内容，营业员可以忽略。

二、输入工作号 SI

工作号又称 sign-in 号，每个工作号对应一个唯一的 1~5 位十进制数字。使用工作号进入系统时，根据此工作号在系统中的定义，进行各种保密及限制检查。当系统允许此工作号进入系统后，则工作号被登记在一个独立的工作区域内（A、B、C、D、E），此时代理人便可使用其工作号开始工作，但在同一时刻只允许一个区域工作，这个区域叫作当前工作区。

随着技术的不断变化，当前大部门代理人在实际工作中都是将工作号进行系统自动添加。使用 PID 放大技术将一个工作分配到多台计算机上使用。

指令格式

▶SI：工作号/密码/级别

例如：

工作号为 11111，密码为 123A，级别 41 的营业员准备进入系统。

▶SI：11111/123A/41

【说明】

若正常进入，系统将显示系统注册公告信息，如：

CTU001 SIGNED IN A

正常进入后，用 DA 显示终端 20200 状态如下：

```
A*   11111   23AUG   0732      41   CTU001
B   AVAIL
C   AVAIL
D   AVAIL
E   AVAIL
PID=62338   HARDCOPY=1112
TIME = 1318   DATE =24JUL   HOST = LILY
AIRLINE = 1E   SYSTEM =  CAAC09   APPLICATION =   3
```

可以从系统显示上看出，工作号 11111 已于 23AUG，7：32 进入系统。

三、密码的修改 AN

每一个工作号都有密码，除营业员自己外，其他人员无从得知。一般讲，计算机系统记录了每一个工作人员输入的内容，并且是通过其工作号记录的，换句话讲，一旦操作出现问题，将追究该工作号对应的工作人员的责任。因此，每个工作人员应注意更改密码，避免工作号被他人盗用。

密码由最多 5 个数字及 1 个字母组成，如 12345A，123B，9T 等均是有效保密号，而 123，ABC，12BB，1W2E 等均不是有效密码。

密码的修改方法如下：

（1）进入系统，输入工作号（SI，使用原密码，假设为 12345A）。

（2）用 AN 指令进行修改。

（3）退出系统（SO）。

（4）重新进入系统（SI，使用新密码）。

指令格式

▶AN：旧密码/新密码

举例：假定有工作号 11111，原密码为 123A，现欲改为 456B。

（1）进入系统：▶SI：11111/123A/41。

（2）用 AN 指令进行修改：▶AN：123A/456B。

（3）退出系统：▶SO。

（4）重新进入系统（SI，使用新密码）：SI：11111/456B/41。

可以看出，在下次再进入系统时，已改为新密码 456B。

四、临时退出系统 AO

在某些情况下，营业员临时离开系统，需要将工作号退出来，可用 AO 功能。

指令格式

▶AO：

例如：工作员 11111 已在终端 20200 上进入系统，显示如下：

```
A*       11111   24JUL   0732    41 CTU001
B        AVAIL
C        AVAIL
D        AVAIL
E        AVAIL
PID  = 20200   HARDCOPY= 1112
TIME =1318    DATE =24JUL     HOST = LILY
AIRLINE = 1E    SYSTEM =CAAC09   APPLICATION =3
```

现工作员欲临时退出，键入：

▶AO：

系统显示"AGENT A-OUT"，表示临时退出成功。

完成后，再用 DA 显示 PID 20200 状态，如下：

```
A    11111  24JUL  0732    41  CTU001
B    AVAIL
C    AVAIL
D    AVAIL                "*"号消失，表示临时退出工作区
E    AVAIL
PID = 20200  HARDCOPY = 1112
TIME = 1318  DATE = 24JUL    HOST = LILY
AIRLINE = 1E  SYSTEM = CAAC09  APPLICATION = 3
```

【说明】

比较两者的 DA 显示，可发现在输入 AO 以后，A 工作区的活动标识 * 号没有了，这说明在输入 AO 以后，A 区已由活动区变为非活动区。这时如进行航班查询等工作，系统将显示："PLEASE SIGN IN FIRST"，这就要求工作员重新进入系统。

五、恢复临时退出 AI

当工作员在临时退出系统以后，需要重新进入工作，要用恢复临时退出的系统功能，即 AI 功能。

指令格式

▶AI：工作区/工作号/密码

例如：PID 22002 工作员 11111（密码 123A）已临时退出系统，DA 显示如下：

```
A    11111  24JUL  0732    41  CTU001
B    AVAIL
C    AVAIL
D    AVAIL
E    AVAIL
PID = 22002  HARDCOPY = 1112
TIME = 1318  DATE = 24JUL    HOST = LILY
AIRLINE = 1E  SYSTEM = CAAC09  APPLICATION = 3
```

现工作员欲重新进入系统，必须键入如下命令：

▶AI：A/11111/123A

其中，A 表示工作区 A；11111 是工作号；123A 是密码。

如果输入正确，系统将显示："AGENT A-IN"，表示重新注册成功。再用 DA 观察 PID 22002：

```
A*     11111   24JUL   0732      41   CTU001
B      AVAIL
C      AVAIL
D      AVAIL                          *活动工作区的标志
E      AVAIL
PID  = 22002   HARDCOPY = 1112
TIME =  1318   DATE = 24JUL    HOST = LILY
AIRLINE = 1E   SYSTEM = CAAC09  APPLICATION = 3
```

六、完全退出 SO

当工作员结束正常工作，须将工作号退出系统以防被人盗用。这项工作可用 SO 指令完成。

例如：

接上例，我们将工作号退出系统。

▶SO：

若正常，系统显示：

"CTU117 11111 SIGNED OUT A"

表示 CTU177 工作号 11111 从 A 工作区退出（SIGNED OUT），这时再看 PID22002 状态。

▶DA：

```
A        11111   24JUL   0732    41   CTU001
B        AVAIL
C        AVAIL
D        AVAIL
E        AVAIL
PID = 22002   HARDCOPY = 1112
TIME = 1318   DATE = 24JUL    HOST = LILY
AIRLINE = 1E  SYSTEM = CAAC09  APPLICATION = 3
```

【说明】

（1）工作号 11111 已从 A 工作区中退出。

（2）退号时，有时系统显示其他内容，而不让退号，这表明该工作号在退号时，有其他未完成工作必须完成，见出错信息提示。

（3）代理人系统在北京时间 0：00、06：00、12：00、18：00 对世界各地不同时区的终端进行自动退号，而对中国大陆地区代理人，只在北京时间 0：00 自动退号。

出错信息提示：

PENDING 表示有未完成的旅客订座 PNR，在退号前必须完成或放弃它。

TICKET PRINTER IN USE 表示未退出打票机的控制，退出后即可。

QUEUE PENDING 表示未处理完信箱中的 QUEUE，QDE 或 QNE。

PROFILE PENDING 表示未处理完常旅客的订座，用指令 PSS：ALL 处理。

第三节 常用辅助指令

一、清屏 CP（清除屏幕上面所有内容）

当某个功能显示使代理人系统界面满屏后，可以用 CP 指令清屏，重新执行，显示结果从第一行开始，也可以使用快捷键 CTRL 键+字母 A 键。

二、翻页 PN

代理人系统中，某个功能的显示内容有多余的页数，可以用翻页指令进行内容显示：

PN　下一页 PAGE NEXT

PB　前一页 PAGE BACK

PF　最前页 PAGE FIRST

PL　最后页 PAGE LAST

PG　重新显示当前页 PAGE，工作当中一般会使用 PG1（重新在 1 页显示所有内容）

三、日期/时间查询

（1）DATE：日期/天数（省略日期将默认为当前日期）。例：

▶DATE：

```
+0   07JUN15 SUN
+1   08JUN15 MON
+5   12JUN15 FRI
+10  17JUN15 WED
+15  22JUN15 MON
+20  27JUN15 SAT
+25  02JUL15 THU
+30  07JUL15 TUE
```

（2）TIME：城市/日期/时间/城市（不输入参数，显示当前时间）。例：

▶TIME：

```
CTU
TIME DIFF    0.0
12HR LOCAL   0958P
24HR LOCAL   2158
DATE    07JUN
UTC (GMT)    1358
UTC +/-    8.0
```

四、查询常用代码

（1）▶CNTD：T/城市名（该城市拼音）——根据城市名称查询城市机场三字代码。例：

▶CNTD：T/SHENYANG

CODE	AIRPORT NAME	CITY NAME	COUNTRY
SHE	SHENYANG AIRPORT	SHENYANG	CN

（2）▶CNTD：A/城市名前几个字母——根据城市名称前几个字母查询三字代码。例：

▶CNTD：A/CHENG

CTU,CHENGDU	CHENGDU	CN

(3) ▶CNTD：N/国家名称（英文名称）——根据国家名称查询国家两字代码或三字代码。例：

▶CNTD：N/CHINA

CN/CHN，CHINA

(4) ▶CNTD：C/国家两字代码——根据国家两字代码查询国家全称。例：

▶CNTD：C/CN

CN/CHN，CHINA　　　　　中国

(5) ▶CNTD：M/航空公司名称（英文名称）——根据航空名称查询航空公司两字代码。例：

▶CNTD：M/SICHUAN AIRLINES

3U　　SICHUAN AIRLINES

(6) ▶CNTD：D/航空公司二字代码——根据航空公司二字代码查询航空公司名称。例：

▶CNTD：D/MU

MU　NI，CHINA EASTERN AIRLINES　中国东方航空公司 WWW.CE-AIR.COM

(7) ▶CD：三字代码——根据三字代码查询城市名称。例：

▶CD：SHA

SHA，SHA/MA，SHANGHAI HONGQIAO INTERNATIONAL APT，SHANGHAI，CN，Z1，00，N31：11.8，E121：20.1

五、天气查询指令 WF

查询目标城市未来三天的天气状况，WF：城市或机场三字代码。例：

▶WF CTU

成都地区天气预报：
6月7日 星期日：
最低气温21C（70F），最高气温32C（90F），多云，南风小于3级
6月8日 星期一：
最低气温21C（70F），最高气温33C（91F），多云，南风小于3级
6月9日 星期二：
最低气温22C（72F），最高气温33C（91F），多云，南风小于3级

六、CO 查询指令

（1）CO 指令有两个实用功能，第一是用于计算。例：

▶CO 3+2＊4－2/1

＝9.0000

说明：CO 用于计算的时候，能将计算的步骤准确显示，方便核对账目。其中用＋表示加，用－表示减，用＊表示乘，用/表示除。

（2）CO 用于时差查询，查询两座城市间的时差情况。例：

▶CO：T/PEKLAX

PEK：07JUN15 2220 LAX：07JUN15 0620
GMT：07JUN15 1420 TIM DIF：16

本章练习题

翻译以下指令。

CNTD：T/QINGDAO

CD：TYN

CO：T/CTULON

WF：TSN

第五章　航班信息查询和 FD 报价

第一节　航班信息查询 AV

AV 指令用于查询航班座位可利用情况，及其相关航班信息，如航班号、舱位、起飞到达时间、经停点等，是一个非常重要的指令。

指令格式如下：

AV：选择项/城市对/日期/起飞时间/航空公司代码/经停标识/座位等级

【格式说明】

选择项有以下几种：

P 显示结果按照起飞时间先后顺序排列。

A 显示结果按照到达时间先后顺序排列。

E 显示结果按照飞行时间由短到长排列。

H 显示结果按照起飞时间先后顺序排列并显示所有舱位情况和航班数据。

实际工作中一般是用选项 H，省略起飞时间和座位等级。

AV：H/城市对/日期/航空公司代码/经停标识（通常 AV 后面的":"会省略，下划线部分可以省略、可换顺序）

经停标识一般有两种：D 表示显示结果只显示直飞的航班（有经停的航班也是直飞航班）。N 表示显示结果中不包含有经停的航班。

例：查询 8 月 21 日成都至上海四川航空公司所有直飞的航班信息，指令表达如下：

AVH/CTUSHA/21AUG/3U/D 或者 AV：H/CTUSHA/21AUG/D/3U

下面我们具体分析 AV 指令显示结果：

如我们输入指令：AVH/CTUTYN/20DEC/D，显示结果见图 5-1：

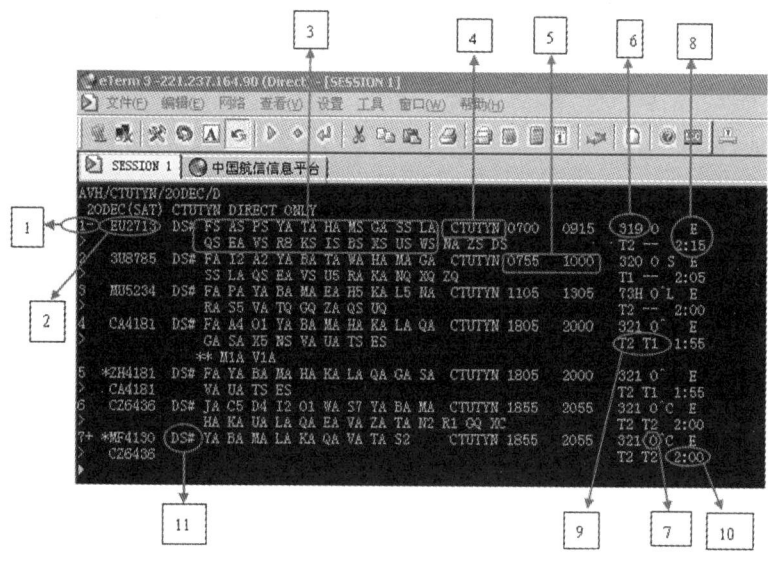

图 5-1　AVH 指令显示结果

【说明】

（1）若不加日期，则显示当天航班信息。

（2）若当天无航班，则显示最早有航班的日期的数据，这时应注意输出显示中的日期。

（3）若查询当天航班，还可以这样输入：

▶AVH/PEKSHA/.

其中"."表示当天，"+"表示明天。

（4）根据上图所示依次解读如下：

①航班序号。

②航班号，注意在航班号前有"＊"表示该航班为共享航班，在单程

客票预定时一般不考虑，只会在联程或往返程预定时需要相同航空公司才会使用。

③舱位等级（折扣代码）及其销售情况。

④始发地和目的地机场代码（航段信息）。

⑤航班时刻，航班起飞时间和到达时间。

⑥航班所使用的机型（目前常用的机型当中数字 3 开头的为空客系列，数字 7 开头的为波音系列）。

⑦航班经停标识，数字 0 表示直达不经停航班，数字 1 表示该航班会经停 1 个地方，以此类推。经停点 0 后的"⌃"，表示该航班可以为旅客预选乘机座位。

⑧字母 E 是电子客票标识。

⑨航站楼信息，前面的为始发地航站楼，后面的是目的地航站楼，如果在这里显示"－－"表示该机场没有多余的航站楼需要区分。

⑩航班预计的飞行时间。

⑪协议级别代码。

（5）AV 显示去程航班后，可以通过 AV：RA 方式显示回程航班，也可以指定回程航班的其他限制条件。根据上图例题显示 22DEC 返程的航班情况：

在执行完▶AVH/CTUTYN/20DEC/D 再执行▶AV：RA/22DEC 则表示查询 12 月 22 日太原回成都的直飞航班信息。显示如下：

```
22DEC(MON) TYNCTU DIRECT ONLY
1-  MU5233  DS#  FA P3 YA BA MA EA HA KA LA NA    TYNCTU 0750    0955    73H 0'S   E
                 RA SA VA TQ GQ ZA Q5 UQ                                  —T2  2:05
2   3U8532  DS#  FA IS AS YA BA TA WA HA MS GA    TYNCTU 1345    1605    320 0 S   E
                 SA LA QS ES VS U5 RS KQ NQ XS ZQ                         —T1  2:20
3   *MF4129 DS#  YA BA MA LA KA QA VA TQ S2       TYNCTU 1540    1805    321 0'D   E
    CZ6435                                                                 T2 T2
2:25
4   CZ6435  DS#  JA C5 D4 I2 O1 WA S5 YA BA MA    TYNCTU 1540    1805    321 0'D   E
                 HA KA UA LA QA EA VQ ZQ TQ N2 R1 GQ XC                   T2 T2  2:25
5   *ZH4182 DS#  FA YA BA MA HA KA LA QA GA SA    TYNCTU 2045    2300    321 0'    E
    CA4182       VA UA TS ES                                              T1 T2
2:15
6   CA4182  DS#  FA A6 O1 YA BA MA HA KA LA QA    TYNCTU 2045    2300    321 0'    E
                 GA SA X5 NS VA UA TS ES                                  T1 T2  2:15
    ** M1A V1A
7+  EU2714  DS#  FS AS PS YA TA HA MS GA SS LA    TYNCTU 2135    0010+1  319 0    E
                 QA ES VA RA KS IS BS XS US WS NA ZA DA                   —T2  2:35
```

（6）如果在 AV 指令后加：

1A（AMADEUS） AA（SABRE）

1G（GALILEO） JL（AXESS）

1P（WORLDSPAN） 1T（TOPASS）

1F（INFINI） 1B（ABACUS）

显示出来的航班信息为 SABRE，AMADEUS 等几大 GDS（全球分销系统）提供的数据。例：

▶AVH/CTULAX22DEC/AA

```
22DEC(MON) CTULAX VIA AA
1— *CX5825  DS! J9 C9 D9 I9 Y9 B9 H9 K9 M9 L9  CTUHKG 0830  1100  321 0 B  E
    KA825       V9 S9 N9 Q9 O9                                  1  1  2:30
   *AA8937  DS! F0 P7 A0 J7 R7 D7 I7 Y7 W7 B7  LAX 1305  0940  773 0 S  E
    CX884       H7 K7 M7 L7 V0 S0 N0 Q0 G7 O0                    1  B 17:10
2   KA825   DS! J9 C9 D9 I9 Y9 B9 H9 K9 M9 L9  CTUHKG 0830  1100  321 0 B  E
                V9 S9 N9 Q9 O9                                   1  1  2:30
   *AA8937  DS! F0 P7 A0 J7 R7 D7 I7 Y7 W7 B7  LAX 1305  0940  773 0 S  E
    CX884       H7 K7 M7 L7 V0 S0 N0 Q0 G7 O0                    1  B 17:10
3— *CX6121  DS! J4 C4 D4 IL Y4 B4 H4 K4 M4 L4  CTUHKG 0805  1015  319 0 B  E
    CA411       V4 S4 NL Q4 O4                                   T1 1  2:10
   *AA8937  DS! F0 P7 A0 J7 R7 D7 I7 Y7 W7 B7  LAX 1305  0940  773 0 S  E
```

第二节　航班周期查询 SK

SK 指令可以查询一城市对在特定周期内所有航班的信息，包括航班号、出发到达时间、舱位、机型、周期和有效期限。

指令格式

▶SK：选择项 / 城市对/ 日期 / 时间 / 航空公司代码 / 舱位

【格式说明】

（1）SK 指令所显示出的航班信息的时间段为指定时间和前后三天共一周的时间。

（2）选择项有以下几种：

P：显示结果按照起飞时间先后顺序排列。

A：显示结果按照到达时间先后顺序排列。

E：显示结果按照飞行时间由短到长排列。

不选，默认为 P（一般会省略舱位和时间）。

（3）城市对为必选项，其余为可选项。

下面以具体的实例说明 SK 指令的输入和输出：

指定日期前后三天内航班信息。

例：输入 SK：CTUSYX/22DEC，显示如下：

```
19DEC(FRI)/25DEC(THU) CTUSYX
1-   TV9805   CTUSYX 0610   0840   319 0 B   E   X26   03DEC27MAR FAOYBMHKLJQGVREIW*
2   *CA3905   CTUSYX 0610   0840   319 0 B   E   X26   03DEC27MAR FYBMHKLQGV
3    EU2207   CTUSYX 0650   0925   319 0    E   135   17DEC28MAR FAPYTHMGSLQEVRKIB*
4    CA4249   CTUSYX 0710   0935   JET 0   E         16DEC31DEC FAOYBMHKLQGSXNVUT*
5    HU7092   CTUSYX  1050         1325    333 0 L   E          23NOV28MAR
FZPAYBHKLMQXUETVN*
6    TV9821   CTUSYX 1300   1530   319 0 S E        23NOV28MAR FAOYBMHKLJQGVREIW*
7    8L9607   CTUSYX 1430   1710   320 0   E        20DEC28MAR YBHKLMQXUEDTZVNWI*
8    3U8755   CTUSYX 1740   2020   321 0 S E        23NOV28MAR FPIAYBTWHMGSLQEVU*
9+   JD5178   CTUSYX 1815   2035   320 0 S E        05DEC28MAR YBHKMLQJXUETZDSCG*
```

【说明】

（1）SK 输出的第一行是所查询的时间范围，如上显示的 19DEC/25DEC 表示接下来的航班都是在 19DEC 至 25DEC 之间执行的航班。

（2）从第二行开始的航班显示包括航班号、城市对、出发时间、到达时间、经停点、餐食标志、班期、有效日期、座位等级。

（3）以上面显示结果为例，依次为航班序号、航段信息、航班时刻、机型、经停情况、餐食标志、航班周期、执行周期的时间段、舱位情况等。

（4）如果在航班周期显示区域是空白则表示每日都有航班；如若显示具体数字：比如 135 表示星期一、星期三、星期五有航班；如若显示 X 加数字的情况：比如 X26 表示星期二、星期六没有航班。

第三节　航班经停点及起降时间的显示 FF

FF 指令用于查询航班的经停城市、起降时间和机型。

指令格式

▶FF：航班号 / 日期

例：查询航班号 EU2205 次航班 12 月 22 日的经停情况及机型情况。

输入 FF：EU2205/22DEC 显示如下：

CTU	0705	319
CSX	0855	0945
HGH	1110	

【说明】

第一排依次为始发地机场代码、始发地起飞时间、机型。

第二排依次为经停点机场代码、到达经停点的时间、从经停点起飞的时间。

第三排依次为到达最终目的地的机场代码、到达最终目的地的时间。

第四节　票价查询 FD

FD 指令可以查询国内航空公司国内段票价，两地之间的航线距离。需要查询国际票价，要用其他指令，如 QTE 和 XS FSD 等指令。

指令格式 1

▶FD：城市对/日期/航空公司代码

例：查询日期 1 月 15 日范围内有效的成都—厦门四川航空公司的运价信息。

输入指令 FD：CTUXMN/15JAN/3U 显示结果如下：

```
FD:CTUXMN/15JAN15/3U          /CNY /TPM  1911/
01 3U/F  / 4090.00= 8180.00/F/F/  / . /26AUG14  /3U01▶PFN:01
02 3U/C  / 2670.00= 5340.00/C/C/  / . /01NOV13  /3U01▶PFN:02
03 3U/FI / 2670.00= 5340.00/I/F/  / . /02APR14  /3U04▶PFN:03
04 3U/J  / 2140.00= 4280.00/J/C/  / . /01NOV13  /3U03▶PFN:04
05 3U/YA / 1780.00= 3560.00/A/F/  / . /01NOV13  /3U02▶PFN:05
06 3U/Y  / 1780.00= 3560.00/Y/Y/  / . /01NOV13  /3U01▶PFN:06
07 3U/T  / 1600.00= 3200.00/T/Y/  / . /01NOV13  /3U03▶PFN:07
08 3U/W  / 1510.00= 3020.00/W/Y/  / . /01NOV13  /3U03▶PFN:08
09 3U/H  / 1420.00= 2840.00/H/Y/  / . /01NOV13  /3U03▶PFN:09
10 3U/M  / 1340.00= 2680.00/M/Y/  / . /01NOV13  /3U03▶PFN:10
11 3U/G  / 1250.00= 2500.00/G/Y/  / . /01NOV13  /3U03▶PFN:11
12 3U/S  / 1160.00= 2320.00/S/Y/  / . /01NOV13  /3U03▶PFN:12
13 3U/L  / 1070.00= 2140.00/L/Y/  / . /01NOV13  /3U03▶PFN:13
14 3U/Q  /  980.00= 1960.00/Q/Y/  / . /01NOV13  /3U03▶PFN:14
15 3U/E  /  890.00= 1780.00/E/Y/  / . /01NOV13  /3U03▶PFN:15
16 3U/V  /  800.00= 1600.00/V/Y/  / . /01NOV13  /3U03▶PFN:16

PAGE 1/1
```

【说明】如上所示：

（1）前面的数字为序号；

（2）CNY 表示人民币，下面所显示的运价均为人民币；

（3）TPM 为行程公里数，如上所示，成都—厦门的航线距离为 1911 公里；

（4）3U/F 为航空公司代码和舱位折扣代码，F 表示头等舱，Y 为经济舱全价，F 和 Y 之间的为公务舱（每个航空公司的头等舱代码和公务舱代码都不相同），Y 以下的为常规经济舱折扣代码（每个航空公司经济舱折扣代码都不相同而且随时更新）；

（5）如第 16 项的 /800.00 表示单程运价为 800 元，=1600 表示往返运价为 1600 元；

（6）/01NOV13 表示价格发布或者更新的日期（从这个日期开始价格有效，这里为出票日期）；

（7）/3U03 表示该条运价出自的运价文件名，也叫作舱位规定代码；

（8）PFN：16 是显示该条运价使用规则的指令，将光标直接移动到数字的后面发送指令就会显示该条运价的使用规则，如图 5-2：

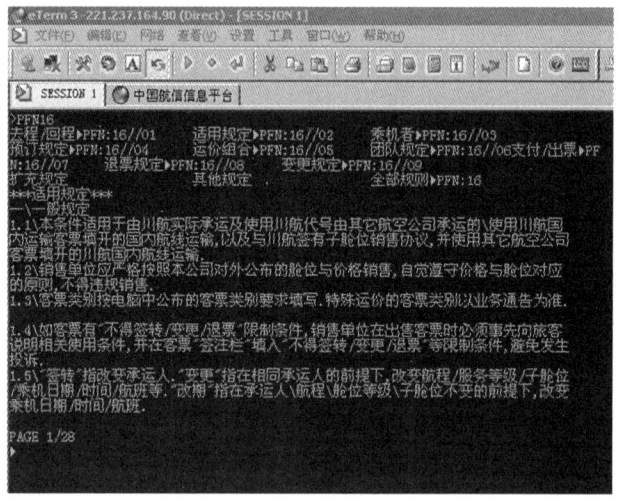

图5-2　舱位使用规则

指令格式2

从已有的 AV 显示结果中查询票价。

在使用完 AV 指令后，使用：

▶FD：航班序号

例：我们先查询航班 AVH/CTUTYN/20JUN/D，在显示出结果后查询航班 EU2713 的运价情况：

```
20JUN(SAT) CTUTYN DIRECT ONLY
1— 3U8785   AS# FC IC AC YC BC TQ HC MQ GC SQ   CTUTYN 0805   1005   320 0˙S   E
>              LC QQ EQ VQ UQ RQ KQ NQ XQ WQ ZQ            T1—   2:00
2   MU9603   DS#  UQ F8 P4 JQ CQ DQ IQ WQ YA BA   CTUTYN 0825   1030  320 0˙S   E
>               MA EA HS KA LQ NQ RQ SQ VQ TQ GQ ZS QQ       T2—   2:05
3   MU5234   DS#  UQ F8 P4 JQ CQ DQ IQ WQ YA BA   CTUTYN 1105   1305  73E 0˙L   E
>               MA EA HS KA LQ NQ RQ SQ VQ TQ GQ ZS QQ       T2—   2:00
4  *ZH4181   DS#  F8 YA BA MS HA KS LS QS GS S5   CTUTYN 1745   1950  320 0˙    E
>   CA4181        VS US TS ES                                 T2 T1  2:05
5   CA4181   DS#  F8 A2 YA BA MS HA KS LS QS GS   CTUTYN 1745   1950  320 0˙R   E
>               S5 N2 VS US TS ES                             T2 T1  2:05
6   EU2713   AS#  YA TA HA MS GA SS LA QS E4 VS   CTUTYN 2000   2205  320 0     E
>               RS KS IS BS XS US WS NS ZS DS               T2—   2:05
7  *MF4130   DS#  YA BA MA LA KA QA V4 TS S3      CTUTYN 2105   2305  320 0˙C   E
>   CZ6436                                                   T2 T2  2:00
8+  CZ6436   DS#  J8 C4 D3 I2 OC WA SQ YA BA MA   CTUTYN 2105   2305  320 0˙C   E
>               HA KA UA LA Q5 E4 V3 ZS TQ N3 RS GQ XC       T2 T2  2:00
```

这个时候我们如果需要查看 EU2713 航班的价格情况则可直接使用 FD：航班序号得到结果，执行 FD：6 显示如下：

```
>PFDCTUTYN/20JUN15/EU
FD:CTUTYN/20JUN15/EU                /CNY /TPM  1173/
01 EU/F   / 2280.00=  4560.00/F/F/  / . /29OCT14  /8113▶PFN:01
02 EU/A   / 1480.00=  2960.00/A/C/  / . /29OCT14  /8113▶PFN:02
03 EU/C   / 1480.00=  2960.00/C/C/  / . /29OCT14  /8113▶PFN:03
04 EU/J   / 1370.00=  2740.00/J/C/  / . /29OCT14  /8113▶PFN:04
05 EU/Y   / 1140.00=  2280.00/Y/Y/  / . /29OCT14  /8113▶PFN:05
06 EU/T   / 1030.00=  2060.00/T/Y/  / . /29OCT14  /8113▶PFN:06
07 EU/H   /  910.00=  1820.00/H/Y/  / . /29OCT14  /8113▶PFN:07
08 EU/M   /  860.00=  1720.00/M/Y/  / . /29OCT14  /8113▶PFN:08
09 EU/G   /  800.00=  1600.00/G/Y/  / . /29OCT14  /8113▶PFN:09
10 EU/S   /  740.00=  1480.00/S/Y/  / . /29OCT14  /8113▶PFN:10
11 EU/L   /  680.00=  1360.00/L/Y/  / . /29OCT14  /8113▶PFN:11
12 EU/Q   /  630.00=  1260.00/Q/Y/  / . /29OCT14  /8113▶PFN:12
13 EU/E   /  570.00=  1140.00/E/Y/  / . /29OCT14  /8113▶PFN:13
14 EU/V   /  510.00=  1020.00/V/Y/  / . /29OCT14  /8113▶PFN:14
15 EU/R   /  460.00=   920.00/R/Y/  / . /29OCT14  /8113▶PFN:15
16 EU/K   /  400.00=   800.00/K/Y/  / . /29OCT14  /8113▶PFN:16
17 EU/YI  /  340.00=   680.00/I/Y/  / . /29OCT14  /8113▶PFN:17
PAGE 1/1
```

本章练习题

1. 写出指令，查询 2 月 20 日重庆至南昌深圳航空公司的直飞航班销售情况。

_____

_____

2. 写出指令，查询航班 3U8878 次航班 3 月 15 日的经停情况及机型。

_____

_____

3. 翻译指令 FD：CANSHA/11NOV/CZ。

_____

_____

4. 已知成都至九寨沟全价是 1410 元，当前的机场建设费是 50 元/人、燃油附加费 90 元/人，目前最低的销售折扣是 6 折。请计算，两位成人和一位儿童总计需要支付多少钱？

第六章　国内客票销售后续处理

第一节　退票的定义和分类

一、什么是退票

退票是指旅客购票以后，由于旅客原因或承运人原因，不能在客票载明有效期内完成部分或全部航程，而要求退还部分或全部未使用航段的票款。

二、退票的分类

退票分为自愿退票和非自愿退票两类。

自愿退票是指旅客由于自己的原因而选择的退票需求；非自愿退票是指由于航空公司方面的原因而导致的旅客提出的退票申请，通常是由于天气、机械故障等原因而造成的航班延误或者航班取消，此外还包括旅客因自身身体状况不能乘坐飞机而提出的病退（包括旅客重病或者死亡，需具有相关权利单位开具的证明）。

三、退票的收费标准

目前，各个航空公司收取退票手续费的标准是不一样的，一般来说有两个依据：一是提出退票需求的时间和航班起飞时间差作规定；二是根据旅客购买的客票价格作规定。

通常按照提交退票的时间可分为：

（1）航班起飞前72小时以外。

（2）航班起飞前72小时以内，24小时以外。

（3）航班起飞前24小时以内，2小时以外。

（4）航班起飞前2小时以内。

（5）航班起飞后。

依次，距离航班起飞时间越短的时间退票，退票手续费越高，航班起飞后退票手续费最高。

按照旅客购买客票的价格可分为：

（1）头等舱价格。

（2）公务舱价格。

（3）经济舱全价。

（4）经济舱8折至9折。

（5）经济舱5折至8折。

（6）经济舱4折至5折。

（7）经济舱4折以下。

通常，旅客所购买客票的价格越低，收取的退票手续费越高，一般4折以下的客票是不允许退票的。

【说明】

（1）客票改期收费一般会比退票费更低，但收取的规则是一样的。

（2）所有的退票费的计算都不包含税（国内客票，机场建设费和燃油附加费）。

（3）旅客必须在客票有效期内提交退票或者改期，客票过期以后自动作废。

（4）所有的非自愿退票，都是全退，即全部退还旅客购买客票所支付的款项。

（5）当日购买的客票如果退票可做废票处理，不收取退票费，只收取废票费（一般是10元），旺季的时候航空公司会出文件加以限制。

第二节　客票的改期和改签

一、客票改期

客票的改期，是指旅客根据自己的需求，要求航空公司或代理人改变其所购买客票的乘机日期或者航班时刻。改期通常只能改变相同航空公司的航班。

改期可分为：

（1）相同舱位折扣的时间或者日期的变更称为普通改期。

（2）从低折扣、低舱位改到高折扣、高舱位称为升舱。

（3）从高折扣、高舱位改到低折扣、低舱位称为降舱。

一般改期的收费和退票费的收取方式是一样的，根据旅客提出需求的时间和所购买的客票价格来定。

升舱改期的收费分为手续费和差价两种，一般如果二选其一，哪个价格更高收取哪个。

降舱改期，差价是不退还的，还会根据原购买客票的舱位规定进行收费。

二、客票签转

客票签转，是指旅客根据自己的需求，要求改变所购买客票的时间或者日期，而需要更改日期或时间没有原客票相同的承运人，而不得不改变承运人的情况（通常改签，就是指改变航空公司）。

一般航空公司只限于头等舱或者更高级别的舱位客户可进行航班签转，通常是不收费的，如果有差价，多不退，少补。

【小知识】

电子客票行程单

自从2007年全面实现电子客票以来,纸质客票慢慢地被取代了。那么电子客票还像原来一样有"机票"吗?答案是肯定的,只是这个"机票"不具备乘机的功效,只是用作财务报销的凭证,我们称为:电子客票行程单。如图6-1所示。

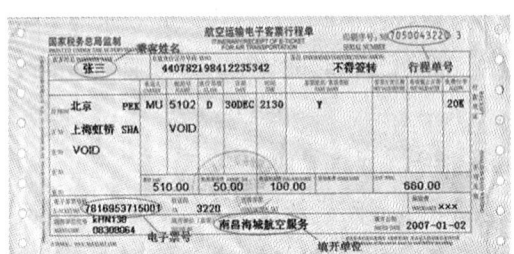

图6-1 现代电子客票行程单样本

本章练习题

1. 简述电子客票改期和改签的区别。

2. 列举非自愿退票的一些常见的原因。

3. 简述自愿退票和非自愿退票的区别。

第三篇 危险品运输

第七章　危险品航空运输的法律、法规、责任介绍

第一节　危险品航空运输的法律、法规介绍

随着交通运输业的大力发展，航空运输成为运输业的重要组成部分。航空运输业的良好发展离不开法律、法规的支持，危险品运输更促使了严格的法律、法规的建立。

一、国际法规

1.《国际民用航空公约》

国际民用航空组织制定了航空运输危险品安全规则，并将它们编入《国际民用航空公约》附件 18 及《航空运输危险物品安全技术指南》中。《国际民用航空公约》是 52 个国家 1944 年 12 月 7 日在芝加哥签署的有关国际民用航空在政治、经济、技术等方面问题的国际公约，各缔约国可以在此条约的基础上制定适合本国情况的更加严格的法律、法规。

2. 国际民航组织《危险品安全航空运输技术细则》

国际民航组织《危险品安全航空运输技术细则》简称《技术细则》或 T1 文件中有详细的技术资料，提供了一整套完备的国际规定，以支持附件 18 中的各项规定。该文件列出了详细的空运说明，每两年更新发行一次。

3. 国际航空运输协会《危险品规则》

国际航空运输协会《危险品规则》是依据行业技术标准对ICAO的补充，具有更强的约束性。国际航协《危险品规则》每年修订一次，并且其新规定会在每一页的边缘处用方框符号表示。新版于每年1月1日生效。

二、国内法律、法规

我国民航目前使用的主要法律、法规有：

《中华人民共和国民用航空法》；

《中华人民共和国刑法》；

《中华人民共和国民用航空安全保卫条例》；

《中国民用航空安全检查规则》；

《中国民用航空危险品运输管理规定》；

《中华人民共和国安全生产法》；

《危险化学品安全管理条例》；

《中华人民共和国放射性污染防治法》；

《病原微生物实验室生物安全管理条例》；

《国务院关于特大安全事故行政责任追究的规定》等。

三、规则的适用性范围

国际民用航空组织发布的先行有效的《危险品安全航空运输技术细则》、中国民用航空局《中国民用航空危险品运输管理规定》适用于在中华人民共和国登记的民用航空器以及在中华人民共和国境内运行的外国民用航空器。

国际航协《危险品规则》适用于国际航协所有会员与准会员航空公司，所有与作为国际航协会员、准会员签订货物联运协议的航空公司以及向运营人交危险品的托运人及代理人。

第二节 危险品运输的责任

一、托运人责任

托运人托运危险品，应严格遵守《危险品的安全航空运输》《危险品安全航空运输技术细则》《危险品规则》《中国民用航空危险品运输管理条例》及有关国际适用的法律、法规、命令或要求。

托运人在危险品运输中担负着较为重大的责任：

（1）托运人托运危险物品应当遵守货物始发站、过境地和目的地国家的有关法律、法规。

（2）托运人应当保证所交运的危险物品是属于航空允许运输的。

（3）托运人必须提供能明确履行空运危险物品职责的信息资料。

（4）托运人必须将托运的物质或物品进行准确的分类、识别、包装、标记和标签。

（5）托运人应当如实填写危险物品运输文件，并签字确认。

（6）托运人必须保证所有办理托运手续和签署危险品航空运输文件的有关人员都接受过相关危险品知识的培训。

二、运营人责任

运营人在从事危险品运输过程中，必须做好有关收运、存储、装载、检查、提供资料、采取应急措施、保留记录和培训等各环节工作，各项工作应严格按照规定准备，并且必须使用货运单。运营人除接收外的其他责任如下：

（1）存储；

（2）装载；

（3）检查危险品的包装件、合成包装件和放射性物质专用箱，确认在装机前无泄漏和破损现象。保证危险品不得装载在驾驶舱或有旅客乘坐的航空器客舱内；

（4）包括紧急反应信息在内的信息规定；

（5）记录危险品事故和事件；

（6）保留记录；

（7）培训。

本章练习题

我国关于危险品航空运输有哪些法律、法规？

第八章 危险品运输限制

第一节 禁止运输的危险品

一、在任何情况下都禁止航空运输的危险品

某些危险品因危险性太大,在任何情况下都是禁止空运的。在正常运输条件下,易爆炸、发生危险反应、产生火焰或危险的热量,易散发危险性的毒性、腐蚀性或易燃性气体或蒸汽的任何物质,在任何情况下都禁止航空运输。在危险品品名表中列出了在任何情况下都禁止空运的危险品的识别名称,没有 UN 编号并注明"Forbidden(禁止运输)"字样。应注意的是,任何情况下禁止空运的危险品不可能被一一列出,因此,从事相关工作的人员应特别注意,确保此类物品不能登机。

二、经过豁免可以空运的危险品

在十分紧急的情况下,或当其他运输方式均不合适时,或按照所规定的要求违背公众利益时,在尽力保证运输整体安全水平与国际航协《危险品规则》规定的安全水平一致的情况下,危险品经过有关国家(始发国、中转国、飞越国、货物抵达国及运营人所属国)豁免可进行航空运输。豁免文件应包括受豁免包装件的详细信息并与包装件放在一起。这些物品包括:

（1）具有下列性质的放射性物质：

①连续排放气体的B（M）型放射性物质包装件。

②需要辅助冷却系统进行外部冷却的包装件。

③在运输过程中需要操作控制的包装件。

④具有爆炸性的放射性物质。

⑤可自燃的放射性液体。

（2）在国际航协《危险品规则》危险品表中标明是禁运的物质和物品。

（3）具有感染性的活体动物。

（4）属于Ⅰ包装，吸入其雾气可导致中毒的液体。

（5）交运温度等于或大于100℃的液态物质，或温度等于或大于240℃的固态物质。

（6）国家主管当局指定的任何其他物品或物质。

第二节　隐含的危险品

在一般情况下，托运人申报的货物中可能不明显地含有危险性物质。货运或客运的接收人员在怀疑货物或行李中可能含有危险品时，必须认真检查，并从托运人和旅客那里证实每件货物或行李中所装运的物品，确保不出现隐含的危险品。

经验表明，在一些货物或行李中常含有隐含的危险物品：

（1）航空器零备件/航空器设备：可能含有爆炸物品（照明弹或其他烟火信号弹）、化学氧气发生器、不能使用的轮胎组件、压缩气体（氧气、二氧化碳、氮气或灭火器）、油漆、黏合剂、气溶胶、救生用品、急救包、设备中的燃料、湿电池或锂电池、火柴等。

（2）汽车、汽车零部件（轿车、机动车、摩托车）：可能含有虽不符合对磁性物质的定义，但可能因影响航空器仪器而需符合特殊装载要求的铁磁性材料。也可能含有发动机、化油器、含有装过燃料的燃料箱、湿电池、轮胎充气设备中的压缩气体、灭火瓶、含氮的震台架/支架、气袋充气机/气袋模块等。

（3）呼吸器：可能含有压缩空气瓶或氧气瓶，化学氧气发生器或深冷液化氧气。

（4）野营用具：可能含有易燃气体（丁烷、丙烷等）、易燃液体（煤油、汽油等）、易燃固体（固体酒精、火柴等）或其他危险品。

（5）轿车、轿车零部件：见汽车、汽车零部件等。

（6）化学品：可能含有符合危险品任何标准的物品，尤其是易燃液体、易燃固体、氧化剂、有机过氧化物、毒性或腐蚀性物质。

（7）运营人物资：如飞机零件可能含有不可或缺的危险品，如旅客服务设备（PSU）中的化学氧气发生器、多种压缩气体，如氧气、二氧化碳、氮气、气体打火机、气溶胶、灭火瓶、易燃液体，如燃油、油漆和黏合剂；腐蚀性材料，如电池。其他物品，如照明弹，急救包、救生设备、火柴、磁性材料等。

（8）集运货物（零货混装）：可能含有任何类别的危险品。

（9）低温物质（液体）：表示有低温液化气体，如氩、氦、氖、氮等液化气体。

（10）气瓶：可能含有压缩或液化气体。

（11）牙科器械：可能含有易燃树脂或溶剂、压缩或液化气体、汞或放射性物质。

（12）诊断标本：可能含有传染性物质。

（13）潜水设备：可能含压缩气瓶（空气、氧气等），如自携式潜水呼吸氧气桶、背心气瓶等。也可能含强光潜水灯，当在空气中启动时可能产生极高的热量。为安全载运，灯泡或电池必须保持断路。

（14）钻探及采掘设备：可能含有爆炸品和（或）其他危险品。

（15）液氮干装：可能含有游离液氮。只有在包装以任何朝向放置液氮都不会流出的情况下，才不受本规则限制。

（16）电气设备：可能含磁性材料或在开关装置和电子管中的汞或湿电池。

（17）电动器械：（轮椅、割草机、高尔夫球车等）可能装有湿电池。

(18) 探险设备：可能含有爆炸物质（照明弹）、易燃液体（汽油）、易燃气体（丙烷、野营用气体）或其他危险品。

(19) 摄影或媒体设备：可能含有爆炸物质的烟火装置、内燃机发电机、湿电池、燃料、发热物品等。

(20) 冷冻胚胎：可能含制冷液化气体或固体二氧化碳（干冰）。

(21) 冷冻水果、蔬菜等：可能包装在固体二氧化碳（干冰）中。

(22) 燃料：可能含有易燃液体、易燃固体或易燃气体。

(23) 燃料控制器：可能含有易燃液体。

(24) 热气球：可能含有装有易燃气体的气瓶、灭火器、内燃机、电池等。

(25) 家居用品：可能含符合危险品任何标准的物品，包括易燃液体如溶剂型油漆、黏合剂、上光剂、气溶胶（对于旅客，依据 DGR 2.3 节的规定将禁止携带）、漂白剂等，腐蚀性的烤箱或下水道清洗剂，弹药，火柴等。

(26) 仪器：可能包括含有汞的血压计、气压计、汞开关、整流管、温度计等物品。

(27) 实验/试验设备：可能含有符合危险品任何标准的物品，特别是易燃液体、易燃固体、氧化剂、有机过氧化物、毒性或腐蚀性物质。

(28) 机械部件：可能含有黏合剂、油漆、密封胶、溶剂、湿电池和锂电池、汞、含压缩或液化气体的气瓶等。

(29) 磁铁或其他类似物：可能单独或累积地符合磁性物质的标准。

(30) 医疗用品：可能含有符合危险品任何标准的物品，特别是易燃液体、易燃固体、氧化剂、有机过氧化物、毒性或腐蚀性物质。

(31) 金属建筑材料、金属栅栏、金属管材：可能含有因影响飞机仪表而需要符合特殊装载要求的铁磁性物质。

(32) 汽车部件（轿车、机动车、摩托车）：可能含有湿电池等。

(33) 旅客行李：可能含有符合危险品标准的物品，包括烟花爆竹、易燃家用液体，腐蚀性的烤箱或下水道清洗剂，易燃气体或液体打火机燃料罐，或野营炉的气瓶、火柴、弹药、漂白粉。

(34) 药品：可能含有符合危险品标准的物品，特别是放射性物质、易燃液体、易燃固体、氧化剂、有机过氧化物、毒性或腐蚀性物质。

（35）摄影器材：可能含有符合危险品标准的物品，特别是热发生装置、易燃液体、易燃固体、氧化剂、有机过氧化物、毒性或腐蚀性物质。

（36）赛车或摩托车队设备：可能含有发动机、化油器、含燃料或残余燃油的油箱、易燃气溶胶、压缩气瓶、硝基甲烷、其他燃料添加剂或湿电池等。

（37）电冰箱：可能含有液化气体或氨溶液。

（38）维修箱：可能含有有机过氧化物、易燃胶黏剂、溶剂型油漆、树脂等。

（39）试验样品：可能含有符合危险品标准的物品，特别是传染性物质、易燃液体、易燃固体、氧化剂、有机过氧化物、毒性或腐蚀性物质。

（40）精液：包装内可能使用固体二氧化碳（干冰）或冷冻液化气体。另见"液氮干装"。

（41）船舶零备件：可能含有爆炸品（照明弹）、含压缩气体的气瓶（救生筏），油漆、锂电池（应急定位发射器）等。

（42）演出、电影、舞台和特殊效果的设备：可能含有易燃物质，爆炸品或其他危险品。

（43）游泳池化学品：可能含有氧化或腐蚀性物质。

（44）电子设备或仪器的开关：可能含有汞。

（45）工具箱：可能有爆炸品（射钉枪），压缩气体或气溶胶，易燃气体（丁烷气瓶或焊枪），易燃黏合剂或油漆、腐蚀性液体等。

（46）火炬：微型火炬和通用点火器，可能含易燃气体，并配有电子打火器。大型火炬可能包含安装在易燃气体容器或气瓶上的火炬头（通常有自动点火开关）。

（47）旅客行李/私人物品：可能含有符合危险品标准的物品，包括焰火、易燃家用液体，腐蚀性烤箱或排水管清洁剂，易燃气体或液体打火机填加剂，野营炉灶钢瓶、火柴、弹药、漂白粉、气溶胶等。

（48）疫苗：包装内可能有固体二氧化碳（干冰）。

第三节 旅客或机组人员携带的危险品

一、禁止携带的危险品

1. 保险公文箱和公文包

内装有锂电池或烟火装置等危险品的保险公文箱及公文包绝对禁止携带。

2. 致残装置

装有压缩液态毒气、胡椒喷雾器和重头棍棒等刺激性或使人致残的器具，禁止随身携带或在交运行李和手提行李中携带。

3. 液氧装置

使用液态氧作为主要或次要氧气液的个人医用氧气装置，禁止随身携带或在交运行李和手提行李中携带。

二、可以作为交运行李接收的危险品

下列危险物品，经运营人允许时，仅可作为交运行李用航空器装运。

1. 固态二氧化碳（干冰）

在允许交运行李（或包裹）释放二氧化碳气体时，每人携带的用于易腐败变质物品制冷的干冰的量不得超过 2kg。

2. 体育运动用弹药

安全装箱的供旅客个人使用的体育运动用弹药（用于武器、小型枪支），其毛重限量不得超过 5kg，且不含炸弹和燃烧弹。两名旅客允许携带的枪弹不得合成一个或数个包装件。

3. 装有非易漏电池的轮椅/辅助行动器材

装有非易漏电池的轮椅或电池驱动的辅助行动器材，电池处于非连接状态，电池终端须绝缘以防止意外短路，并且电池须牢固附于轮椅或辅助行动器材上。

三、仅可作为随身携带行李的危险品

下列危险物品，经运营人允许，仅可作为随身携带行李，用航空器装运。

1. 水银气压计或水银温度计

政府气象局或类似官方机构的每一代表可携带一支含水银的气压计或水银温度计，只作为随身携带行李登记。气压计或温度计须有坚固的外包装、密封内衬或防止水银泄露的坚固防漏和防穿刺材料制成的口袋，保证以任何方式安置该包装时水银都不会从包装件中渗漏。机长须知晓机上有人携带气压计或温度计。

2. 产生热量的物品

产生热量的物品，诸如水下喷灯和焊接设备这类一旦受到意外催化即可产生高热和着火的电池驱动设备，只可作为随身行李携带。产生热量的部件或能源装置须拆下，以防运输中发生意外。

四、可以作为随身携带或者交运行李携带的危险品

下列危险物品，经运营人允许，可作为交运或随身携带行李，用航空器装运。

1. 医用氧气

供医用的小型氧气瓶或空气瓶。

2. 装置救生衣内的二氧化碳瓶

装入每个自身膨胀救生衣内的小型二氧化碳瓶不得超过2个，此外备用弹药筒不得超过2支。

3. 冷藏液体氮的绝缘包装

含完全被渗透材料吸收并在低温下用于运输的非危险物品冷藏液体氮的绝缘包装不适合用于本规则，但绝缘包装的设计不会增加容器内的压力，而且以任何方式放置绝缘包装都不会使冷藏液体逸出。

五、可直接作为行李的危险品

下列危险物品，未经运营人允许，可作为行李，用航空器装运。

1. 药用或梳妆物品

非放射性药用或梳妆物品（包括化溶胶）。每一旅客或机组人员所携带这类物品的总净重量不得超过2kg或2L，每一单件物品净重量不得超过0.5kg或0.5 L。

注："药用或梳妆物品"这一术语指发胶、香水、科隆香水和含酒精的药物。

2. 用于机械肢的二氧化碳气瓶

用来操纵机械肢运动的小型二氧化碳气瓶。为保证旅途中的需要，还可携带同样大小的备份气瓶。

3. 心脏起搏器/放射性药剂

放射性同位素心脏起搏器或其他装置，包括那些植入人体内以锂电池为动力的装置或作为治疗手段置于人体内的放射性药剂。

4. 医疗/临床温度计

一支置于保护盒内个人用小型医疗和临床水银温度计。

5. 固态二氧化碳（干冰）

每人可在随身行李中，或经运营人允许在交运行李中，携带用于易腐败变质物品制冷剂的固态二氧化碳（干冰），总量不超过2kg，但包装能释放二氧化碳气体。

6. 安全火柴或打火机

个人用随身携带的安全火柴或一个可完全被一固体吸收的燃料液体打火机。但是装有不能吸收的液体燃料（而非液体气）的易燃液体蓄池打火机、打火机燃料和打火机备份燃气不允许随身携带，也不可置于交运行李或随身行李中。

注："一划即燃"火柴禁止航空运输。

7. 酒精饮料

以零售包装的酒精饮料，其浓度在24%以上，但不超过70%；盛于容器中的此类饮料，每人携带的净重量不超过5L。

注：酒精浓度等于或低于24%的酒精饮料不受任何限制。

8. 卷发器

含碳氢化合气体的卷发器，每一旅客或机组人员只可携带一支，但其安全盖须紧扣于电热元件上。此种卷发器都不得在航空器上使用。此种卷发器的气体填充器不得装入交运的或随身携带的行李中。

第四节　航空邮件中的危险品

按照国际航空运输协会《危险品规则》的规定，万国邮政联盟（简称UPU）禁止通过航空邮件邮寄危险品或者在航空邮件内夹带危险品。

有的危险品可作为航空运输邮件收运，不过应根据有关国家邮政当局的规定及《危险品规则》的规定进行处理。这些邮件包括：

（1）传染性物质。邮寄传染性物质，应随附"托运人申报单"，并用固体二氧化碳冷冻。

（2）固体二氧化碳（干冰）。固体二氧化碳（干冰）可作为传染性物质的制冷剂进行航空运输，但应随附"托运人申报单"。

（3）放射性物质。

第五节　运营人资产中的危险品

《危险品规则》中关于危险品的规定，不得使用于航空运输运营人资产中的危险品。这些物品包括：

（1）航空器材。航空器材应归类为危险品，但是，它是按照有关航行的要求、操作规定及运营人所属国家规定应遵守的特殊要求而装载于航空器内的物品或物质。例如救生衣、紧急滑梯、救生筏等，它们都装有压缩气体瓶，有些还装有急救包和信号弹。

（2）消费品运营人在飞行中使用或销售的诸如气溶胶、酒精饮料：香水、科隆水、安全火柴及液化气体打火机（但不包括一次性打火机和在低压条件下易漏气的打火机）等。

（3）固态二氧化碳（干冰），如在航空器内用于食物和饮料的二氧化碳。

本章练习题

经过豁免可以空运的危险品有哪些？
_____
_____
_____
_____

第九章 危险品的分类

第一节 危险品类别

根据危险品所具有的不同危险性，国际航协《危险品规则》将危险品分成九个不同的类别来反映不同的危险类型，由于第1~6类危险品因其各自包括的危险性范围较宽，因而进一步细分为若干项来说明其特定的危险性。许多危险品不只具有一种主要危险性，还具有一种或一种以上的次要危险性。

九大类危险品类及其项别的编号顺序仅为了使用方便，与相应的危险性的程度没有任何关联，比如：第1类危险品并不比第2、3类危险品更危险。

1. 第1类——爆炸品（Explosives）

1.1项：具有整体爆炸危险性的物品和物质

1.2项：具有喷射危险性而无整体爆炸危险性的物品和物质

1.3项：具有起火危险性和轻微的爆炸危险性或轻微的喷射危险性，或两者兼而有之，但无整体爆炸危险性的物品和物质

1.4项：不存在显著危险性的物品和物质

1.5项：具有整体爆炸危险性的非常不敏感的物质

1.6项：无整体爆炸危险性的极不敏感物质

2. 第2类——气体（Gases）

2.1项：易燃气体

2.2项：非易燃无毒气体

2.3项：有毒气体

3. 第3类——易燃液体（Flammable Liquids）

4. 第4类——易燃固体、自燃物质、遇水释放易燃气体的物质（Flammable Solids Substance Liable to Spontaneous Combustion Substances Which in Contact with Water Emit Flammable Gases）

4.1项：易燃固体

4.2项：自燃物质

4.3项：遇水释放易燃气体的物质

5. 第5类——氧化剂和有机过氧化物（Oxidizing Substance and Organic Peroxide）

5.1项：氧化剂

5.2项：有机过氧化物

6. 第6类——毒性物质和感染性物质（Toxic and Infectious Substances）

6.1项：毒性物质

6.2项：感染性物质

7. 第7类——放射性物质（Radioactive Material）

8. 第8类——腐蚀性物质（Corrosives）

9. 第9类——杂项危险品（Miscellaneous Dangerous Goods）

第二节 九类危险品介绍

一、第1类——爆炸品

1. 爆炸品的定义

一般指发生化学性爆炸的物品。本类化学品指在外界作用下（如受热、受压、撞击等），能发生剧烈的化学反应，瞬时产生大量的气体和热量，使周围压力急骤上升，发生爆炸，对周围环境造成破坏的物品。也包括无整体爆炸危险，但具有燃烧、抛射及较小爆炸危险的物品。或仅产生热、光、音响或烟雾等一种或几种作用的烟火物品。比如：火药、炸药、烟花爆竹等，都属于爆炸品。

2. 爆炸品的项别

1.1项：具有整体爆炸危险的物质或物品，如起爆药、爆破雷管、黑火药、导弹等。

1.2项：具有抛射危险，但无整体爆炸危险的物质或物品，如无引信炮弹、照明弹、枪弹、火箭发动机等。

1.3项：具有燃烧危险和较小爆炸或较小抛射危险两者之一，或者两者兼有但无同时爆炸危险的物质或物品，如导火索、燃烧弹药、烟幕弹药、C型烟火等。

1.4项：无重大危险的物质或物品，如演习手榴弹、安全导火索、礼花弹、烟火、爆竹、手操信号装置等。

1.5项：具有整体爆炸危险但极不敏感的物质或物品，如E型或B型引爆器、铵油、铵沥蜡炸药等。

1.6项：不具有整体爆炸危险的极不敏感的物质或物品。

3. 爆炸品的配装组

第1类爆炸品按其所表现出的危险性类型归入6个项别中的一个，并按其适合的爆炸品和物质类别归入13个装配组中的一个。

不同的爆炸品能否混装在一起运输，取决于其配装组是否相同。属于同一配装组的爆炸品能够在一起运输，属于不同配装组的爆炸品一般不能放在一起运输。详细划分配装组见表9-1：

表9-1 爆炸品配装组成的划分

配装组	危险项别	物品或物质的分类
A	1.1	初级爆炸性物质
B	1.1；1.2；1.4	含有初级爆炸性物质且未安装两个或两个以上有效保险装置的物品。例如引爆用雷管、雷管组合件、底火、火帽，虽然不含初级爆炸物质但亦包括在其中

续表

配装组	危险项别	物品或物质的分类
C	1.1；1.2；1.3；1.4	发射药或其他含有这些物质的爆燃性物质或物品
D	1.1；1.2；1.4；1.5	次级爆轰炸药或黑火药，或含次级爆轰炸药的物品，它们均无印发装置和发射药或包括含初级炸药而配置两个或两个以上有效保险装置的物品
E	1.1；1.2；1.4	含有次级爆轰炸药，无引发装置，含发射药（装有易燃液体或凝胶或自燃液体的物品除外）
F	1.1；1.2；1.3；1.4	含有次级爆轰炸药，配置自身引发装置，含发射药（装有易燃液体或凝胶或自燃液体的物品除外）或不含发射药的物品
G	1.1；1.2；1.3；1.4	烟火药或烟火物品，或装有炸药和照明剂、燃烧剂、催泪剂或烟雾剂的制品（遇水活化制品或含白磷、磷化物、自燃物质、易燃液体或凝胶或自燃液体的物品除外）
H	1.2；1.3	同时含炸药和白磷的物品
J	1.1；1.2；1.3	同时含炸药和易燃液体或凝胶的物品
K	1.2；1.3	同时含炸药和化学毒剂的物品
L	1.1；1.2；1.3	同时含炸药和具有特殊危险性（如遇水活化，或含自燃液体、磷化物质或自燃物质）而需要各型号间隔离的爆炸性物质或物品
N	1.6	只含极不敏感的爆轰物质的物品
S	1.4	包装与设计具备如下条件的物质或物品或该物品在发生事故时只要包装未被烧坏就可以把任何危险都限制在包装内。其爆炸和抛射的影响范围很小，不会严重妨碍附近采取消防或其他应急措施

二、第2类——气体

1. 气体的定义

气体是指符合下述两种情况之一的物质：

(1) 在500℃时，蒸汽压大于300kPa的物质。

(2) 在 20℃ 及 101.3kPa 标准压力下完全是气态的物质。

包括：压缩气体、液化气体、溶解气体、冷冻液化气体、气体与其他类别物质的蒸气的混合物、充有气体的物品和烟雾剂。

2. 气体的分类

(1) 易燃气体。

①与空气混合，体积含量小于等于 13% 可被引燃的气体。

②与空气混合，燃烧的上限与下限的差大于等于 12% 的气体。如压缩或液化的乙胺、氢、硫化氢及有机化合物的烃类、一氧化碳、甲烷、石油气等。

(2) 非易燃无毒气体。

指在 20℃、压力不低于 280kPa 条件下运输或以冷冻液体状态运输的气体。如二氧化碳、氧气、氮气及惰性气体氦、氖、氩等。

(3) 毒性气体。

指在 50℃ 时，蒸汽压大于 300kPa 或在 20℃ 及 101.3kPa 标准压力下完全是气态，符合下述两种情况之一的物质：

①已知对人类具有的毒性或腐蚀性强度达到对健康造成危害的气体。

②半数致死浓度 LC50 不大于 $5000mL/m^3$，因而推定对人类具有毒性或腐蚀性的气体。如液氯、液氨、磷化氢、氯甲烷等。

三、第 3 类——易燃液体

1. 易燃液体的定义

第 3 类包括易燃液体、液体混合物或含有固体物质的液体，但不包括其危险特性已列入其他类别的液体。

在闭杯闪点实验中温度不超过 60℃。所谓闪点，即在规定条件下，可燃性液体加热到它的蒸气和空气组成的混合气体与火焰接触时能产生闪燃的最低温度。闪点是表示易燃液体燃爆危险性的一个重要指标，闪点越低，燃爆危险性越大。易燃液体是在常温下极易着火燃烧的液态物质，如汽油、乙醇、苯等。这类物质大都是有机化合物，其中很多属于石油化工产品。

托运液体的温度达到或超过其闪点的，该种液体被认为是易燃液体。

以液态形式在高温中运输或托运的，并且在低于或达到运输的极限温度（即该物质在运输中可能遇到的最高温度）时，放出易燃蒸气的物质也被认为是易燃液体。

减敏的液态爆炸品是指溶解或悬浮在水中或其他液体物质中，形成一种均匀的液体混合物，以抑制其爆炸性的爆炸性物质。如国际航协《危险品规则》4.2 表中的减敏的液态爆炸品条目：UN1204、UN2059、UN3064、UN3343、UN3357、UN3379。

2. 包装等级的标准

根据危险品的危险性程度不同，将危险品的危险性分为三个包装等级：

Ⅰ级——危险性较大；Ⅱ级——危险性中等；Ⅲ级——危险性较小。

3. 易燃液体的包装等级

易燃液体的包装等级是按照其闪点和沸点来划分的。

四、第 4 类——易燃固体、自燃物质、遇水释放易燃气体的物质

1. 易燃固体（4.1 项）

易燃固体是指在正常运输中遇到情况容易燃烧或摩擦容易起火的固体，容易产生强烈的放热反应的自身反应物质及相关物质，以及如不充分稀释则可能爆炸的减敏爆炸品。

易燃固体容易燃烧和摩擦起火。如果易燃固体为粉末、颗粒或膏状物，被明火（例如燃着的火柴）瞬时点燃，火势迅速蔓延，则更加危险，此种危险性不仅来自火焰而且来自燃烧生成的有毒产物。金属粉末的起火更具危险性，因为灭火困难，使用二氧化碳和水等灭火剂只能助长火势。

自身反应物质的稳定性较差，甚至在无氧气（空气）情况下，仍易发生强烈的分解反应。受到摩擦、碰撞、加热或与催化剂的杂质（如酸、碱及重金属化合物）接触可以引起自身反应物质的分解，分解的速度因物质的不同而不同，并且随温度升高而加快。分解可能产生有毒气体或蒸气，尤其在有明火的情况下，这种可能性更大。对于某些自身反应物质，必须控制温度。有些自身反应物质能以爆炸方式分解，特别是在封闭的条件下

这种特性可以通过加入稀释物质或采用合适的包装来改变。有些自身反应物质可以猛烈燃烧。

自身反应物质是根据其危险程度来分类的，它们必须按照国际航协《危险品规则》4.2危险品表中相应的自身反应物质的泛指名称条目UN3221至UN3240进行运输。相关物质的条目是UN2956、UN3242和UN3251，这些条目必须指明：

（1）自身反应物质的类型（"B"至"F"）。

（2）物理状态（液态、固态）。

（3）是否要求控制温度。

为了保证运输安全，含4.1项的自身反应物质在运输过程中的包装件或集装器必须避免阳光直射，远离所有热源，放置在通风良好的地方，并且其他货物不得堆放其上。

运输中需要控制温度的自身反应物质禁止空运，除非被豁免。

减敏的爆炸品是指用水或醇类浸湿或者用其他物质稀释而抑制其爆炸性的物质。国际航协《危险品规则》4.2危险品表中所列明的减敏爆炸品有UN系列的1310、1320、1321、13322、1336、1337、1344、1347、1348、1349、1354、1355、1356、1357、1517、1571、2555、2556、2557、2852、2907、3317、3319、3344、3364、3365、3366、3367、3368、3369、3370、3376、3380和3474。

2. 自燃物质（4.2项）

自燃物质是指正常运输条件下自发放热或接触空气放热并随后起火的物质。自燃物质包括自动燃烧物质和自发放热物质两种类型，这两种类型的物质可根据其自燃性加以区别。

自动燃烧物质是包括混合物和溶液在内的物质（液态或固态），这种物质即使在数量极少时，如与空气接触仍可在5分钟内起火，这种物质最容易自动燃烧。

自发放热物质是指在无外部能量供应的情况下，与空气接触可以放热的固体物质，这种物质只有在数量大（数千克）且时间长（数小时或数天）的情况下才能被点燃。自发放热物质发生自燃现象的原因，是由于与空气中的氧气发生反应并且热量不能及时散发所致，当放热速度大于散热速度并且达到自燃温度时，就会发生自燃。

自动燃烧物质和自发放热物质的包装等级标准必须按照 IATA《危险品规则》3.4.2.4 的规定划分，其中自动燃烧液体和固体必须划为Ⅰ级包装，自发放热物质则按相应的标准划分为Ⅱ级或Ⅲ级包装。

3. 遇水释放易燃气体的物质

遇水释放易燃气体的物质与水反应易自燃或产生足以构成危险数量的易燃气体。在国际航协《危险品规则》4.2 危险品表中注明"与水反应"的物质均归属本项。

某些物质与水接触可以放出易燃气体，这些气体与空气可以形成爆炸性的混合物。这样的混合物被一般的火源引燃，例如没有罩的灯、发火花的手工工具或未加保险装置的灯泡。产生的爆炸冲击波和火焰既会危及人的生命又会破坏环境。

确定某一物质与水反应能否生成足以达到危险数量的易燃气体的方法，按照国际航协《危险品规则》第 3.4.3 的规定实施，但这一方法不得用于自燃物质。

遇水释放易燃气体的物质必须按照国际航协《危险品规则》规定的试验方法和标准进行分类。被测物质在任一试验步骤中发生自燃或每小时放出易燃气体的数量超过 1L/kg 的，必须划为本项，具体包装等级的划分标准如下：

（1）在环境温度下，与水进行剧烈反应并且经证明产生的气体是可以自燃的物质，定为Ⅰ级。在环境温度下，容易与水反应并且在任一分钟内所产生的气体的速度大于或等于 10L/kg 的物质，也定为Ⅰ级。

（2）未达到Ⅰ级标准，在环境温度下，容易与水反应并且每小时放出易燃气体的最高速度大于或等于 20L/kg 的物质，定为Ⅱ级。

（3）未达到Ⅰ级或Ⅱ级标准，在环境温度下，缓慢与水反应并且每小时放出易燃气体的最高速度大于 1L/kg 的物质，定为Ⅲ级。

（4）金属有机化合物根据其不同性质，可以划归为 4.2 项或 4.3 项。

五、第 5 类——氧化剂和有机过氧化物

1. 氧化剂（5.1 项）

氧化剂是指自身不一定可燃，但可以放出氧气而引起其他物质燃烧的物质。对于氧化剂，应根据国际航协《危险品规则》中有关的标准试验进行判定。

氧化剂归类和包装等级的确定：

（1）确定危险品固体和液体 5.1 项的归类应当按照国际航协《危险品规则》中有关试验方法、程序及标准和《联合国关于危险品运输的建议措施试验和标准手册》办理。试验结果与经验不符的，必须与始发国有关当局协商，确定相应的分类和包装等级。

确定固体氧化剂和液体氧化剂包装等级的标准应当按照国际航协《危险品规则》有关规定办理。

（2）具有其他危险性如毒性或腐蚀性的物质，必须按照国际航协《危险品规则》有关多重危险性物品和物质的分类规定办理。

2. 有机过氧化物（5.2 项）

含有二价过氧基－O－O－的有机物称为有机过氧化物。或看作是一个或两个氢原子被有机原子团取代的过氧化氢的衍生物。有机过氧化物遇热不稳定，它可以放热并因此加速自身的分解。此外，它还可能具有下列种或多种性质：

（1）易于爆炸分解。

（2）速燃。

（3）对碰撞和摩擦敏感。

（4）与其他物质发生危险的反应。

（5）损伤眼睛。

有机过氧化物必须按国际航协《危险品规则》4.2 危险品表中列出的相应的有机过氧化物的泛指名称条目（从 UN3101 至 UN3120）进行运输，这些条目必须指明：

（1）有机过氧化物的类型（"B"至"F"）。

（2）有机过氧化物的物理状态（固态或液态）。

(3) 是否要求控制温度。

有机过氧化物的特殊危险性为：有机过氧化物遇热与杂质（如酸、重金属化合物和胺类）接触，受到摩擦或碰撞容易引起热分解反应，分解的速度随温度升高而加快并因其成分而异，分解时可能放出有害的或易燃的气体或蒸汽。某些有机过氧化物可以发生爆炸分解，在封闭状态下尤为强烈，许多有机过氧化物可以猛烈地燃烧。

许多液体有机过氧化物溶液是易燃的，但是不需要另外的危险性标签，因为有机过氧化物标签本身即暗示该物质可能是易燃的。

眼睛应避免接触有机过氧化物。即使与某些有机过氧化物作短暂的接触，也会严重损伤角膜。此外，它们还会腐蚀皮肤。

大部分的有机过氧化物与其他物质发生危险反应，因此，许多有机过氧化物只有在采取减敏措施后才允许运输。

在运输中需要控制温度的有机过氧化物禁止空运，除非经豁免。

在运输过程中，含有机过氧化物的包装件或集装器必须避免阳光直射，远离各种热源，放置在通风良好的地方，并且不得将其他货物堆放其上。

六、第 6 类——毒性物质和感染性物质

1. 毒性物质（6.1 项）

定义：毒性物质是指在吞入、吸入或皮肤接触后进入人体可导致死亡或危害健康的物质。来源于植物、动物或其他菌源的毒素，如不含感染性物质或微生物，应分类为 6.1 项，并划归 UN3172。

包装等级的标准：包括农药在内的 6.1 项毒性物质，必须根据它们在运输中的毒性大小划分包装等级。在划分包装等级时应当依据从动物实验中得出的 LC50 或 LD50 的数据来确定。如果某一毒性物质在通过不同途径侵入人体时表现出不同程度的毒性，则必须根据其中最高的毒性划定包装等级。

对于经口摄入、经皮肤接触和吸入毒性物质，其包装等级按表 9－1 确定，对于吸入蒸气而能导致中毒的物质，其包装等级按表 9－2 确定。就某一毒性物质而言，如果吸入其蒸气与吸入其烟雾所产生的毒性大小不

同，则必须按照两者中的最高毒性确定其包装等级。

必须注意，催泪气体物质的毒性数据即使与Ⅲ级包装相符，也必须将他们划为Ⅱ级包。

次要危险性为6.1项的压缩气体混合物，如毒性气体含量很低而致使混合物的LC50值高于10000mL/m³，可以按"压缩气体，泛指名称"（UN1956）或相应的"压缩气体，易燃，泛指名称"（UN1954）办理。

吸入其蒸气可导致中毒的Ⅰ级包装的液体毒害品禁止用客机和货机运输。包装等级标准见表9-2、表9-3。

表9-2 口服、皮肤接触及吸入尘/雾的毒性

包装等级	口服毒性 LD50/（mg/kg）	皮肤接触毒性 LD50/（mg/kg）	吸入尘、雾毒性 LC50/（mg/L）
Ⅰ	小于或等于5	大于或等于50	小于或等于0.2
Ⅱ	大于5但小于等于50	大于50但小于等于200	大于0.2但小于等于2
Ⅲ	大于50但小于等于300	大于200但小于等于1000	大于2但小于等于4

表9-3 吸入蒸气的毒性

包装等级	吸入物毒性
Ⅰ	LC50小于或等于1000mL/m³，F大于或等于10×LC50
Ⅱ	LC50小于或等于3000mL/m³，F大于或等于LC50，而且不符合Ⅰ级包装标准
Ⅲ	LC50小于或等于5000mL/m³，F大于或等于0.2×LC50，而且不符合Ⅰ级和Ⅱ级包装标准

注：1. F表示20℃、标准大气压下，毒性物质在空气中饱和蒸气的浓度。

2. 吸入其蒸气可导致中毒的Ⅰ级包装的液体毒性物质，禁止航空运输。

农药凡是LC50或LD50是已知的且归属于6.1项的所有有效农药物质及其制品，必须按照国际航协《危险品规则》3.6.1.5的标准划归适当的包装等级。但具有次要危险性的物质及其制品，则必须按照国际航协《危险品规则》3.10.A表的规定进行分类，并划归适当的包装等级。

农药在运输中所使用的运输专用名称应根据其活性成分、农药的物理

状态以及它可能具有的次要危险性加以选择。

从世界卫生组织（WHO）国际化学品安全计划处（1211Geneva27，Switzerland）可获得最新版本的世界卫生组织《农药危险分类及分类原则建议》这一文件，在此文件中载有关于若干种普通农药的 LD50 毒性的数据，但其运输分类或包装等级必须依照国际航协《危险品规则》的规定执行。

2. 感染性物质（6.2项）

感染性物质（Infectious Substances）是那些已知含有或有理由认为含有病原体的物质。病原体是指会使动物或人感染的微生物（包括细菌、病毒、立克次体、寄生虫、真菌）或其他媒介物，例如朊毒体。

生物制品（Biological Products）是指由活生物体中获取的那些制品，它们应根据可能具有特殊许可证发放要求的国家政府的要求来制造和销售，并被用于对人类或动物疾病的预防、治疗或诊断，或用于与此内容相关的开发、实验或相关研究目的。它们包括但不限于已完成或未完成制品，例如疫苗。

培养物（Cultures）是指病原体被故意繁殖处理的结果。该定义不包括下述定义的病源标本。病源标本（Patient Specimens）是指为了研究、诊断、调查活动和疾病治疗与预防一类的目的运输的直接从人或动物身上采集的人体或动物体物质，包括但不限于排泄物、分泌物、血液及其制品、组织和组织液棉签。

医学或临床废弃物（Medical or Clinical Wastes）指对动物或人类进行医疗或进行生物研究而产生的废弃物。

感染性物质的分类：感染性物质必须归类于 6.2 项，并视情况划入 UN2814、UN2900、UN3291 或 UN3373。

感染性物质指在运输中与之接触能对本来健康的人或动物造成永久性残疾危及生命危险或致命疾病的感染性物质。

七、第 7 类——放射性物质

本类危险品没有更细的项别分类。

放射性物质是指所含放射性核素的活度浓度和托运货物总活度均超过

国际航协《危险品规则》10.3.2 中规定数值的物质。

放射性物质能自发和连续地发射出电离辐射,它们能对人类或动物健康产生危害,并可使照相底片或 X 光片感光。这种辐射不能被人体的任何感觉(视觉、听觉、触觉或味觉)所觉察,但可用合适的仪器探测和测量。

不管放射性物质本身的辐射水平多么高,经过屏蔽包装,在放射性物质的包装表面,其辐射水平可以控制在一定的水平。按包装件或集装箱的运输指数,可以将放射性物品分为三个等级,运输指数大于 10 的包装件,一般禁止运输。

八、第 8 类——腐蚀性物质

第 8 类危险品包装等级(见表 9-4):

表 9-4　第 8 类危险品包装等级

包装等级	接触时间	观察时间	钢/铝的腐蚀厚度
Ⅰ	≤3min	≤60min	—
Ⅱ	>3min,≤60min	≤14d	—
Ⅲ	>60min,≤4h	≤14d	每年腐蚀厚度大于 6.25mm(1/4in)试验温度至少为 55℃(130°F)

(1)Ⅱ级包装:使被测物质与完好的动物皮肤接触,接触时间超过 3min 而不超过 60min,观察时间为 14 天。在观察期间内皮肤被破坏的厚度如达到 100% 则被测物质定为Ⅱ级。

(2)Ⅲ级包装:使被测物质与完好动物皮肤接触,接触时间超过 60min 而不超过 4h,观察时间为 14 天。在观察期间内皮肤被破坏的厚度如达到 100%;或被测动物皮肤没有完全坏死,但在 55℃ 的试验温度下,被测物质在一年之内腐蚀钢或铝的厚度可达 6.25mm(1/4in)以上,则被测物质应定为Ⅲ级。

九、第 9 类——杂项危险品

1. 定义,杂项危险品指不属于第一类至第八类任何一类的危险品,但是在航空运输中具有危险性的物品和物质。

2. 杂项危险品的范围

(1) 航空业限制的固体或液体，具有麻醉性、有害性、刺激性或其他性质，一旦在航空器上溢出或泄露能引起机组人员极端烦躁或不适，致使其不能正常履行职责的任何物质。此运输专用名称下所包括的物质不得符合第 1—8 类的任何定义。

(2) 磁性物质：

①任何材料当包装好进行航空运输时，其最大磁场强度足以在距离包装件表面任意一点 2.1m 处使罗盘偏转 2°的，即为磁性物质。使罗盘偏转 2°的磁场强度相当于 0.4182A/m（0.00525 Gauss）。

②磁场强度必须使用敏感度足够读出 2°变化的磁罗盘进行测定，最好增量范围在 1°或者更为精确；或者使用敏感度足够高的高斯计，可以测量出超过 0.0005 高斯（Gauss）的磁场强度，公差范围在 ±5%；或者其他等效方式。

③罗盘测量必须放置在除地磁场外不受磁场干扰的区域。当使用罗盘时，材料和罗盘必须对准东西方向。使用高斯计测量须根据制造商的指示进行操作。测量方法应该是：将包装好的材料在水平面旋转 360°且在测量设备与包装件表面任意一点之间保持一个固定的距离（根据包装说明 PI953 规定的 2.1m 或 4.6m）。可以采取屏蔽减少包装件的磁场强度。

第三节　危险品标志

危险品标志是指用来表示危险品的物理性质、化学性质，以及危险程度的标志。危险品标志可提醒人们在储存、运输、搬运、保管等活动中引起注意。根据国家相关标准，在水陆、空运危险货物的外包装上拴挂、印刷或标打一下不同的标志，如爆炸品、遇水燃烧品、有毒品、剧毒品、腐蚀性物品、放射性物品等。

一、联合国危险货物运输标志

不产生重大危害的爆炸品
UN Transport symbol for Class 1.4
Explosive substances which present no
significant hazard

爆炸品
UN Transport symbol for explosives

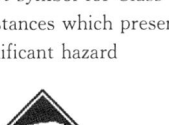

不燃气体
UN Transport symbol for non-inflammable gases

具有大规模爆炸性，但极不敏感的物品
UN Transport symbol for Class 1.5 Very
insensitive substances which have a mass
explosion hazard

易燃气体（第2类）或者易燃液体（第3类）
UN Transport symbol for inflammable gases
（Class 2) or liquids (class 3)

易燃气体
UN Transport symbol for inflammable gases

易燃固体（第4类）
UN Transport symbol for inflammable solids
（Class 4)

遇水释放出易燃气体的物品
UN Transport symbol for substances which,
in contact with water, emit inflammable
gases

有毒物品（第2类和第6.1类）
UN Transport symbol for poisonous substances
(gases class 2., other poisonous substances
class 6.1)

易自燃物品
UN Transport symbol for substances liable to
spontaneous combustion

感染性物品
UN Transport symbol for infectious substances

氧化剂和有机过氧化物
UN Transport symbol for oxidizing substances and for organic peroxides

放射性物品（第Ⅱ级）
UN Transport symbol for radioactive substances, Category Ⅱ

放射性物品（第Ⅰ级）
UN Transport symbol for radioactive substances, Category Ⅰ

放射性物品
UN Transport symbol for radioactive substances

放射性物品（第Ⅲ级）
UN Transport symbol for radioactive substances, Category Ⅲ

腐蚀性物品
UN Transport symbol for corrosive substances

二、分类标志

1. 第1类：爆炸物质和物品

【说明】第1.1、1.2和1.3类。符号（爆炸的炸弹）：黑色；底色：橙黄色；数字"1"写在底角。

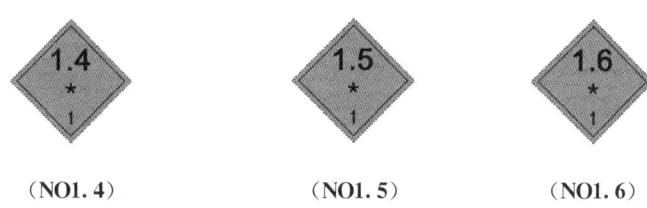

(NO1.4)　　　(NO1.5)　　　(NO1.6)

2. 第 2 类：气体

(NO2.1)

【说明】符号（火焰）：黑色或白色；底色：红色；数字"2"写在底角。

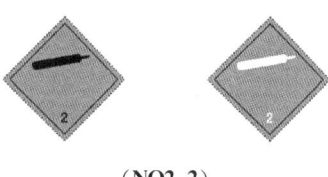

(NO2.2)

【说明】符号（气瓶）：黑色或白色；底色：绿色；数字"2"写在底角。

(NO2.3)

【说明】符号（骷髅和交叉的骷髅棒）：黑色；底色：白色；数字"3"写在底角。

3. 第 3 类：易燃液体

(NO3.0)

【说明】符号（火焰）：黑色或白色；底色：红色；数字"3"写在底角。

4. 第4类：易燃固体、自燃物质、遇水释放易燃气体的物质

（NO4.1）

【说明】第4.1类，易燃固体。符号（火焰）：黑色；底色：白色加上七条竖直红色条带；数字"4"写在底角。

（NO4.2）

【说明】第4.2类，易自燃物质。符号（火焰）：黑色；底色：上半部为白色，下半部为红色；数字"4"写在底角。

（NO4.3）

【说明】第4.3类，遇水放出易燃气体的物质。符号（火焰）：黑色或白色；底色：蓝色；数字"4"写在底角。

5. 第5类：氧化剂和有机过氧化物

（NO5.1）

【说明】第5.1类，氧化剂物质。符号（圆圈上带有火焰）：黑色；底

色；黄色；数字"5.1"写在底角。

（NO5.2）

【说明】第5.2类，有机过氧化物。符号（圆圈上带有火焰）：黑色；底色：黄色；数字"5.2"写在底角。

6. 第6类：毒性物质和感染性物质

（NO6.1）

【说明】第6.1类，有毒物质。符号（骷髅和交叉的骷髅棒）：黑色底色：白色；数字"6"写在底角。

（NO6.2）

【说明】第 6.2 类，感染性物质。标志的下半部可标上"INFECTIOUS SUBSTANCE"（感染性物质）以及"In the case of damage of leakage immediately notify Public Health Authority"（如发生损伤或泄露立即通知公共卫生机关）的字样。符号（三个新月形符号沿一个圆圈重叠在一起）：黑色；底色：白色；数字"6"写在底角。

7. 第7类：放射性物质

（NO7.A）

【说明】Ⅰ级-白色；符号（三叶型）：黑色；底色：白色；文字（强制性要求），在标志的下半部用黑体标出：RADIOACTIVE（放射性）、CONTENTS…（内容名称）、ACTIVITY…（强度为）、紧跟"放射性"字样的后面标上一条垂直的红色短杠；数字"7"写在底角。

（NO7. B）

【说明】Ⅱ级-黄色；符号（三叶型）：黑色；底色：上半部黄色加白边，下半部白色；文字（强制性要求），在标志的下半部用黑体标出：RADIOACTIVE（放射性）、CONTEN-TS…（内容名称）、ACTIVITY…（强度为），在一个黑框里标出：TRANSORT INDEX…（运输指数），紧跟"放射性"字样的后面标上两条垂直的红色短杠；数字"7"写在底角。

（NO7. C）

【说明】Ⅲ级-黄色；符号（三叶型）：黑色；底色：上半部黄色加白边，下半部白色；文字（强制性要求），在标志的下半部用黑体标出：RADIOACTIVE（放射性）、CONTEN-TS…（内容名称）、ACTIVITY…（强度为），在一个黑框里标出：TRANSORT INDEX…（运输指数），紧跟"放射性"字样的后面标上三条垂直的红色短杠；数字"7"写在底角。

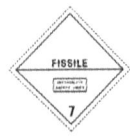

（NO7. E）

【说明】裂变性物质。底色：白色；文字（强制性要求），在标志的上半部用黑体标出：FISSILE（裂变性）字样，在标志的下半部在一个黑框里标出：Criticality Safety index（临界安全指数），数字"7"写在底角。

8. 第8类：腐蚀性物质

（NO8.0）

【说明】腐蚀性物质。符号（液体，从两个玻璃容器流出来侵蚀到手和金属上）：黑色；底色：上半部白色，下半部黑色带白边；数字"8"在底角。

9. 第9类：其他杂项危险品

（NO9.0）

【说明】符号（在上半部有7条竖直条带）：黑色；底色：白色；数字"9"在底角。

本章练习题

1. 简述危险品的分类。

_____
_____
_____
_____

2. 写出下面标志的含义。

第四篇 值机离岗操作

第十章 值机工作简介

第一节 值机服务范畴

一、值机的定义和工作范畴

值机是民航机场工作中的一种,指为旅客办理乘机手续(换登机牌、收运旅客的托运行李、安排旅客的机上位置)。值机在早期不仅是办理乘机手续,它还包括行李统计、配载、登机、放行等一系列工作。一个人或者多个人负责这个航班从头到尾的工作。

二、值机工作准备

(1)按时到岗,核对航班机型、飞机号、到达站。

(2)准备好行李牌、免责行李牌、VIP行李牌、头等舱行李牌、中转行李牌、头等舱旅客休息牌、行李保险单、中转标志。

(3)提前十分钟上柜台,清理工作台面,检查电脑、磅秤、行程单打印设备和行李转盘等是否运转正常,登机牌是否准备充足。图10-1、10-2分别为值机柜台、登机牌示例。

(4)登录离港系统;电子商务柜台操作员登录旅客机场服务系统。

图 10-1　值机柜台

三、办理值机手续

（1）进入离港系统。

（2）查验旅客证件、票证，合理安排旅客座位。

（3）为旅客托运行李。

四、航班结载后的值机工作

（1）航班结载后，柜台人员撤岗时需将柜台整理干净，将柜台前的隔离带摆放整齐，所有物品带回值机室。

（2）航班结载后，主办值机员复核该航班人数、行李件数、重量，并填写记录。

（3）航班结载后，主办值机员与分拣核对行李件数，办理交接签字手续，最终将交接单带回留存。

（4）航班结载后，与服务及配载核对旅客人数、行李件数和重量（结载后如增减旅客或行李要及时报给服务及配载部门）。

（5）值机结束后的相关票证（逾重行李票、纸票、补差单等）要及时回收专放。

五、航班结载起飞前的值机工作

了解航班上客时间,与配载、服务等部门核对登机人数。在飞机起飞前发现有旅客尚未登机,应协助服务员广播找人,并检查该旅客的乘机记录核查该旅客有无托运行李,旅客未登机又有行李时,值机应协助行李分拣人员拉下该旅客行李,并通知相关部门。

图 10-2 登机牌样式

六、航班结载飞机起飞后的值机工作

(1)登记航班离站时间。

(2)主办值机员应做好所办航班的记录,如有特殊情况,需做好相关的文字记录或说明。

(3)整日的航班结束后,应做好值机日志的填写(包括设备设施信息、航班信息等)。

第二节 值机服务流程

一、值机业务

1. 旅客的航空旅行程序

(1) 国内旅客的航空旅行程序：

①购票；

②办理乘机手续，托运行李。

③安全检查。

④候机。

⑤登机。

⑥乘机旅行。

⑦下机、领取行李。

⑧出机场。

(2) 国际旅客的航空旅行程序：

①签证和护照。

②航程设计和购票。

③海关和卫检。

④办理乘机手续，托运行李。

⑤安检和边检。

⑥候机、登机。

⑦乘机旅行。

⑧下机、领取行李。

⑨海关通道。

⑩移民局。

⑪出机场。

国际值机工作与国内值机工作最大的不同就是前者涉及一个出境问

题，随之而来的工作就变得复杂起来。客票查验的是国际客票，旅客证件是国际证件，行李运输要符合国际运输规则。从业务学习上讲，国内值机业务是国际值机业务的基础，国际值机业务是学习的重点和难点。

2. 值机业务流程

（1）值机区域控制和准备工作。

区域控制如整个值机区的供电问题、离港系统的运行准备工作至少要在航班起飞前4小时开始。例如，了解航班动态并将有关信息及时传达到现场各相关岗位。

（2）旅客引导。

旅客引导以前属于值机工作范围，通过导乘台等进行，现在已独立成单独的部门。

（3）值机过程。

（4）旅客服务。

（5）登机服务。

（6）中转服务。

（7）到达服务。

二、值机岗位设置及各岗位基本要求

1. 地面服务岗位

（1）地面服务岗位：候机楼服务、值机服务、机场售票、隔离厅服务、外场调度等。

（2）值机服务：值机控制、值机操作。值机控制叫内值机，值机操作叫外值机。以前配载是内值机，国际值机员也常常身兼配载平衡的工作，现在配载已划分到签派。

2. 外值机岗位设置

目前的柜台设置大致有两种，一种是指定航班设置，一个航班的旅客集中在一个柜台办理。优势：方便值机员集中接收，提高了效率。劣势：大型机场航班多，一方面浪费资源，人员结构臃肿；另一方面增加了旅客的不便（寻找值机柜台增加了旅客的时间成本）。另一种是不指定航班，统一设置，就是所谓的"开放式值机"。大型机场、办理乘机手续自动化程度较高的机场，常常采用这种办法。如：

广州白云国际机场：值班主任柜台，值机柜台，随到随办柜台，头等舱柜台，逾重柜台等。

南方航空公司：普通值机柜台，无行李交运柜台，随到随办柜台，头等舱、公务舱柜台，特殊服务柜台等。

3. 各岗位基本要求（以广州白云国际机场地勤为例）

（1）值班主任（值机室指挥中心）。

组织安排当天的生产工作，负责值机室和其他部门的衔接工作；负责办理航班起飞前15分钟至30分钟到柜台的旅客的乘机手续，通知生调调控旅客，通知配载调控行李；处理误机旅客和广播通知未上机旅客事宜；负责办理特殊旅客、VIP的交接工作；接到柜台有超大行李的信息后，负责通知机动值机员；办理特殊旅客（无人陪伴儿童、病残人员、孕妇、盲人等）的乘机手续。

（2）随到随办柜台。

办理当天代理的所有航班的登机手续。提前30分钟停止办理。

（3）指定航班值机柜台。

办理指定航班的登机手续。航班预计起飞前90分钟开放，起飞前30分钟停止办理。大型航班一般提前2小时开放，截止办理的时间随机场安排而变。

（4）F舱值机柜台。

办理F舱、VIP、金银卡旅客的登机手续。办完登机手续后通知值班主任柜台，由值班主任做后续交接工作。在柜台没有F舱旅客的时候，负责办理其他旅客的登机手续。航班预计起飞前30分钟停止办理。

（5）调控员。

注意各个航班的动态，负责与调度、配载、服务等部门之间的协调、衔接工作。具体负责各个航班动态本的填写（飞机号、到达时间、登机时间、登机闸口关闭时间、航班放飞人数、广播未上机旅客信息），负责起飞前30分钟CCL航班跟踪；负责各个航班的结载工作，将已办理手续的人数、行李件数、重量报配载平衡室；与地勤交接行李；协助登机口服务员查找旅客，核实实际登机人数，核对减掉旅客的姓名及行李牌号码；将误机旅客的行李牌号码报地勤搬运人员。

（6）机动、巡视岗位。

协助值班主任柜台与调控员、指定柜台值机员之间的工作。具体负责巡视柜台，发现排长队现象应及时疏散旅客；负责超重、超大行李的托运安排，在柜台挂好行李牌之后，与地勤交接行李；处理超大行李的特殊情况（退运或安检拒绝托运）。

三、始发站和到达站的值机工作

1. 国内始发站的值机工作

始发站的值机工作时间段就是从航班预告开始，到航班起飞后截止。从时间上讲，是从航班飞行的前一天开始，到起飞 10 分钟后结束。大型机场一般是提前 4 小时开始准备。

（1）准备工作。

①根据航班号了解航班到达站。

②根据飞机号了解航班的机型。

③了解航班载量和配额。

④了解出港乘机人数与航班机型是否相符。

⑤了解航班特殊服务项目，即了解是否有重要旅客、特殊服务旅客、团体旅客及他们的特殊要求。

⑥根据不同的机型、旅客人数准备相应数目的登机牌、行李牌、标识牌、F 舱和 C 舱旅客休息卡等业务用品。

（2）办理乘机手续。

①检查电脑、磅秤、转盘是否运转正常。

②进入离港系统。

③查验旅客证件、票证，安排座位。验证是看旅客证件是否有效，姓名是否与机票上所列姓名相符。如有不符合规定的，交值班主任柜台处理。验票就是检查客票填开的每一项内容是否准确。

④托运行李。

（3）航班结算报载。

①航班关闭后，进行"三复核"（乘机联数、登机牌发放数与离港系

统办理的人数是否完全相等）。

②填写值机准备复核单（航班人数、行李件数、重量）。

③与装卸队核对行李件数、重量，办理交接手续。

④报载旅客人数、行李件数和重量（报载后如增减旅客行李，要及时报给配载部门）。

报载的形式：电话报载、电传报载、计算机统计报载。以前手工值机时，多用电传报载。因为报载必须留下记录，电话报载必须录音，现已基本淘汰。计算机离港系统具有自动统计功能，数据在平台中共享。

⑤回收有关票证（回收所办航班剩余登机牌并送交保管）。

（4）航班放飞。

①了解航班到达时间、上客时间，并在起飞前20分钟将有关单据送候机厅检票口。

②与送机员核对登机人数。在飞机起飞前15分钟发现还有旅客尚未登机时，应通知服务员广播寻人，并在乘机联上核查该旅客有无行李托运。旅客未登机又有行李时，值机员应到机下协助装卸人员拉下该旅客行李。

③与乘务员交接F舱、C舱旅客名单和特殊服务通知单。

④交接工作完成后，与乘务员签放飞时间，通知撤梯、撤桥，放行飞机。

复述交接要领：值机员在飞机下与送机员交接登机人数，与乘务员交接F舱、C舱旅客名单和特殊服务通知单，通知撤梯、撤桥，放行飞机。

（5）放飞后的工作。

①登记航班实际离站时间。

②汇报航班加减旅客和行李情况。

③如有未登机的旅客，将其乘机联挑出交主任签字交接。

2. 国际始发站的值机工作

（1）准备工作。

①根据航班号了解航班到达站。

②根据飞机号了解航班的机型。

③了解航班载量和配额。

④了解出港乘机人数与航班机型是否相符。

⑤了解航班特殊服务项目。

⑥准备F舱、C舱旅客休息卡、行李牌、标识牌（团体、易碎易损、优先、中转行李等）。

⑦准备柜台放置的鲜花、公司牌、出境卡、健康声明、旅客姓名牌、手提行李危险物品规定。

程序与国内始发站值机工作一样，只是在准备阶段多了一些出境的文件。如国内行李不涉及中转和出境，所以没有HOT TAGS（for short connecting flight）之类的行李牌。

（2）办理乘机手续工作内容。

程序同国内始发站值机工作一样，但具体操作时的差别很大。一是国际值机的相关票证复杂。二是国际旅客的证件和签证方面复杂。旅客票证有MCO，Upgrade Vouchers等。旅客证件有各种护照、签证、旅行证明、军人证、海员任务书、宣誓书等。

（3）结算报载。

程序同国内始发站值机工作完全一样。

（4）航班放飞。

①了解航班到达时间、上客时间。

②航班关闭后，从电脑上打印旅客名单12份，打印旅客服务信息报给机组。

③结关。结关后将单据送检疫和边防出境，并留底一份；旅客名单报送上机，与机组交接文件，通报航班信息。

④打印以下单据：特殊餐食、未到旅客名单、接收旅客名单、中转旅客名单、儿童和婴儿旅客名单、常旅客名单、代码共享名单、详细旅客名单。

⑤通知撤梯、撤桥，放行飞机。

（5）放飞后的工作。

①航班统计，将到达和出发等各类单据以及电报整理留底。

②发电报（特殊旅客服务报、常旅客报）。

3. 国内到达站的值机工作

（1）准备工作。

了解飞机预计到达时间、特殊服务项目、准备相应器材。

（2）飞机到达后的工作。

接收业务文件袋，接收旅客，交付行李。

4. 国际到达站的值机工作

①了解航班动态。包括到场时间、飞机型号、到达旅客人数、特殊服务项目。

②通知联检单位到场时间。飞机到达后通知海关上机检查。

③填写卫生检疫单。

④准备机组名单两份，到达旅客名单一份给边检。

⑤与航空公司代办核对资料：入境机组名单、出境机组名单、到达旅客名单。

⑥根据电报或传真数据打印入境申报单和机组名单。

⑦开舱门后，将相关单据（入境申报单、机组名单、旅客名单、货单等）提供给联检单位。联检单位工作人员到达前，禁止任何人员、物品上下飞机。

⑧与地勤交接卸机单，并拿机组护照代办入境和出境手续。引导旅客下机，并注意隔离、分流旅客，做好转机和落地签证旅客的引导工作。

四、中转服务

中转服务是航空公司针对购买联程机票的旅客而开展的空地一条龙服务。从售票这一环节开始，每个部门都会把中转旅客的姓名、人数及换乘航班情况通知后续部门。中转旅客到达机场后，只需要在到达大厅找到中转服务柜台，便会有专人协助其提取行李、办理后续航班登机手续。在国外，中转旅客比例是衡量枢纽机场的主要指标。而中转服务可以时间换金钱，为旅客提供较廉价的机票。

1. 中枢航线结构与中转的关系

中枢航线结构是全球航空经营发展的大趋势。中枢航线结构指的是客流量较小的城市之间不直接通航，而是通过在枢纽机场衔接航班、中转旅客的方式，实现相互间的空中联结。

航线网络结构可采用城市对式、城市串式和中枢辐射式三种类型。城市对式结构的基本特点是两地间都为直飞航线，旅客不必中转。城市串式结构的特点是一条航线由若干航段组成，航班在途中经停，获得补充的客货源，以弥补起止航站之间运量的不足。中枢辐射式结构由城市对式航线和枢纽机场的辐射航线共同构成。通常要确定全国或区域范围内的中枢机场，它是区域内的航空客货集散地，与区域外的其他中枢机场之间有便利的空运联系。中枢机场之间采用城市对式航线直飞，再以每个中枢机场为中转站建立其辐射航线。客流量较小的城市之间不采用对飞形式，而是分别把客货运送到中枢机场，通过中枢机场进行航班衔接、客货中转，实现相互之间的空中联结。

相对于城市对式或城市串式航线网络结构来说，中枢航线结构具有很多方面的作用或优点。

第一，能更好地适应市场需求。多数国家的空运需求集中分布于少数大型中枢机场，而大多数中小型机场的空运需求量较少，这是空运市场的显著特点。中枢航线结构中的中枢机场正是考虑到这一特点而建立的。中枢机场之间的干线飞行一般采用大中型飞机，且可安排较大的航班密度，基本上能够满足空运主要市场的需求。辐射式航线的飞行，一般采用中小型飞机，一方面满足了运量不大的市场需求，另一方面可适当增大航班密度，显示航空运输方便快捷的优势。

第二，能刺激需求，促进航空运输量的增长。在中枢航线结构中，干线与辐射式支线连通后，使网络内的所有航站之间均可通航，从而增加了通航点，使大中小城市之间的空中连接更为畅通，这无疑能为旅客提供更大的便利，并促使一些潜在的空运需求转化为现实的需求。而且在此种结构中，干线与支线功能明了并有机地连接在一起，大小机群与航线匹配，能使航空公司的运营效率提高、运营成本降低，从而可降低票价，进一步刺激市场需求。

第三，有利于航空公司提高飞机的利用率、客座率和载运率。运量较少的机场之间采用对飞的形式，一方面使自身航线经营难以维持，另一方面又对中枢机场起到不必要的分流作用，降低了中枢机场之间的航班客座率和载运率。中枢航线结构的建立，可将原来小型机场对式航线上的空运量转移到干线上来，从而提高干线上的客座率和载运率。原来吞吐量较少的机场改用小型飞机运营，通过支线与中枢机场连接，进而与干线连通，这样就避免了在运量较少的机场之间采用大中型飞机对飞而造成的运力过剩，同时提高了小型飞机的客座率和载运率。由于可以在不增加运力的情况下大量增加航线数量和航班频率，又可以提高飞机的利用率。

第四，有利于机场提高经营效益。中枢航线结构的建立，使得中枢机场能发挥规模经济效应。飞机起降架次和客货吞吐量的大幅度增加，将使航空业务收入和非航空性收入随之增加，单位运营成本降低；同时，中小机场也能通过起降架次和客货吞吐量的增加而改善财政状况，增强自我生存和发展的能力。

总之，中枢航线结构的建立和成功运营，能提高航空公司和机场的经营效益，促进航空运输业的发展，并有效带动地区经济的发展。

2. 中转要求："一票到底"

"一票到底"业务是针对购买中转联程机票旅客而提出的一种服务理念。旅客可在始发地一次性办理联程购票、换领通程登机牌及行李托运手续，在转机时，不需再为后续航程办理购票及乘机手续。

这种服务理念包括从始发地到目的地全航程的机票和服务保障，旅客省去了航班衔接、二次办理乘机手续、行李二次托运和二次安全检查等一系列烦琐手续，当天就能顺利实现中转。

中转业务给航空公司、机场和旅客分别带来了以下好处：

航空公司：提高飞机利用率、客座率和载运率，增强市场竞争力。

机场：增加飞机起降架次和客货吞吐量，从而增加航空业务收入和非航空业务收入。

旅客：一方面，中小城市航班少、航线少，中转业务的开展，可以使旅客在航线密集的中心枢纽城市机场中转，抵达目的地城市。另一方面，乘坐中转航班价格优惠，可以时间换金钱，能吸引一部分时间宽松、追求实惠的旅客。

3. 中转类型

国内转国内、国内转国际、国际转国际、国际转国内。

4. 中转流程

(1) 国内转国内，如图 10-3。

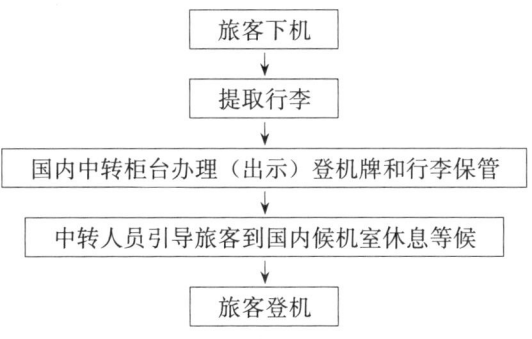

图 10-3　国内转国内流程图

具体流程：

①中转人员收到外站或办事处"一票到底"的电报、传真或 E-mail 后，及时核对电脑中的有关数据（转机旅客的航班、人数、行李件数和重量，以及需要的特殊服务），并在中转登记本和行李复核本上做好记录。

②航班到达后，中转人员到飞机上接回"一票到底"的乘机联，并核对张数、航段是否正确。

③如旅客是接转国内航班的，当旅客到达中转柜台后，请旅客出示续程航班的登机牌，询问旅客有关托运行李的详细情况，并与行李复核本上登记的行李件数和重量相核对，核对无误后收下行李，引导旅客到国内候机室休息，等候登机。

(2) 国内转国际，如图 10-4。

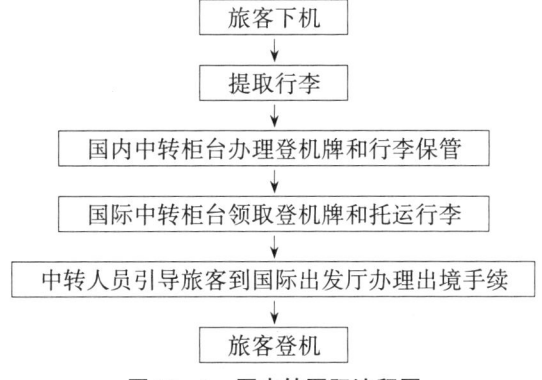

图 10-4　国内转国际流程图

若旅客是从国内航班转国际航班,当旅客到达中转柜台后,请旅客出示续程航班的登机牌,询问旅客有关托运行李的详细情况,并将旅客的登机牌和托运行李暂时寄存在中转柜台,叮嘱旅客在离航班起飞时间一个半小时前到国际中转柜台取回登机牌和托运行李。

(3) 国际转国内,如图10-5。

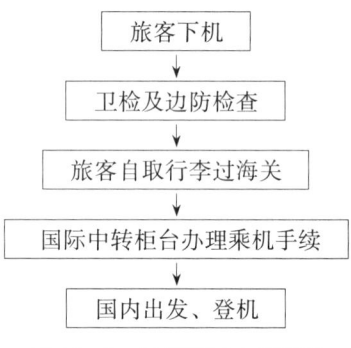

图10-5 国际转国内流程图

(4) 国际转国际。

几个概念:转机、经停、TWOV、过境签证、入境签证。

转机:对国际机票而言,从出发城市到目的地城市,要经过第三个城市来转机,分别乘两个不同航班号的飞机并在第三个城市转机,且两个航班的衔接时间不超过24小时。

经停:对国际机票而言,旅客在转机地点停留时间在24小时以内,航班号不变。

过境签证:过境签证是指在进行国际旅行时,因技术等方面的原因必须经停第三国,需要得到经停国暂时停留许可的签证。关于过境签证的规定,各国不尽相同,有宽有严,有的要求办理签证,有的免办签证。如无特殊限制,一国公民只要持有有效护照、前往国入境签证或联程机票,途经国家均应发给过境签证。

具体程序:

①旅客是从国际航班转国际航班的,当旅客到达边防后面的国际迎宾柜台时,请旅客出示续程航班的登机牌,询问旅客有关托运行李的件数,

协助旅客提取行李，进行海关检查后，由中转工作人员与装卸人员交接托运行李。

②若旅客是持过境签证，无须出隔离区，由中转人员引导旅客直接从过境通道进入国际候机室。

③若旅客持有入境签证，则将旅客的登机牌先放在国际中转柜台，叮嘱旅客在距离航班起飞时间一个半小时前到国际中转柜台取回登机牌，由中转人员引导旅客到国际出发厅办理出境手续。

五、预备知识

1. 常用城市机场三字代码（略）
2. 主要机型和座位布局

机型	座位数	每排座位数
B737－300	140	6
B747－400	404	11
B757－200	200	6
B767	255	7
B777	380	10
A300	267	6
A320	158	6
A340	375	8
MD－82	147	5
MD－90	147	5

B737－500，Y130：3－3布局，机组留座1，ABC，平衡区7－17排。

B757－21B，Y190：3－3布局，机组留座4，CD，平衡区11－26排。

B777－21B，Y352：3－4－3布局，机组留座5，ABCD，由后舱向前舱安排。

注意几个名词：

平衡区：飞机上对于飞机重心影响最小的区域。一般加人多安排在这个区加，团队旅客也多安排在此区。

婴儿座位：一般隔一排会在座位旁多一个氧气面罩，婴儿可以安排在这里。

靠近服务区的座位：服务区就是机舱厨房和厕所所在的位置，前后舱各一个。多安排一些有特殊服务要求的旅客在此就座，可以方便索要饮品、食物和上厕所。

紧急出口排：紧急出口是飞机座位安排图上标示 E 的那个门。紧急出口排原则上安排那些在发生紧急撤离时能够协助机组的旅客，如航空公司职员、警察等。无成人陪伴儿童、病残、聋哑、盲人、孕妇、外国人不能安排在紧急出口排。

3. 国际值机联检单位

出入境检验检疫：主管出入境卫生检疫、动植物检疫、商品检疫、鉴定、认定和监督管理的行政执法机构。

海关：国家进出境监督管理机关。行使监督管理、征收税费、查缉走私、海关统计及其他职能，如禁止对我国政治、经济、文化和环境有害的物品进出境，保护知识产权等。

边防检查：是国家设在对外口岸的出入境检查管理机关。

本章练习题

1. 简述值机工作范围。
___
___

2. 总结办理值机工作流程。
___
___
___

第五篇　民航货物运输

第十一章 民航货运概述

第一节 民航货运基础概念

一、航空货运的定义

航空货物运输是指将一定的货物（包括邮件）通过航空器运往另一地的运输，这种运输包括市区与机场的地面运输。

二、航空货运的分类

在航空货物运输发展的过程中，航空公司为了区分运送物品的特征及适应航空运输市场竞争的需要，通常将广义的航空货物运输服务分为以下3种。

1. 普通意义上的航空货物运输

通常是指运输需要航空运送的普通物品。由于航空运输有着速度快、不受地理条件限制的优势，同时成本高于任何一种基于地面的运输方式，因此用来运送有时间性要求、不宜颠簸、容易受损的精密仪器设备或路程远、交通不便的货物。

2. 航空邮件

自从飞机问世以来，人类首先尝试的就是利用飞机运送邮件，航空邮件服务的出现使人类的相互交流更加便捷。但随着现代电子通信网络的发展，如互联网、传真机、电视电话会议系统等的应用，航空邮件市场受到前所未有的冲击。

3. 航空快递

这是航空运输市场竞争的产物，它除了进行普通意义上的航空货物运输外，还提供专门的限时快速递送服务。早期的快递业务指重量轻和体积小的物品的快速运送服务，在航空运输发达和竞争激烈的今天，普通意义上的航空货物运输与航空快递的区别渐渐变得模糊。

三、运输相关责任人

1. 承运人

承运人是指包括接受托运人填开的航空货运单或者保存货物记录的航空承运人和运送或者从事承运货物或者提供该运输的任何其他服务的所有航空承运人。

2. 代理人

代理人是指在航空货物运输中，经授权代表承认的任何人。

3. 托运人

托运人是指为货物运输与承运人订立合同，并在航货运单或者货物记录上署名的人。

4. 收货人

收货人是指承运人按照航空货运单或者货物运输记录上所列名称而交付货物的人。

四、航空货运的方式

航空货物运输不仅是空中运输，还包括与之相关的部分地面运输。其运输方式一般有以下6种：

（1）普通运输：没有特殊要求，通过空运方式将货物送达目的地。

（2）急件运输：指货物托运人要求以最早的航班或在限定的期限内将货物运达目的地，该种运输方式需经承运人同意才能受理，即须预订吨位。

（3）特种运输：指需要特殊处理的空运货物，如鲜活易腐物品动物、贵重物品、危险品等的运输。

（4）包机运输：货物托运人包用整架飞机的吨位运送货物，这种方式又称为包机货运。

（5）包舱运输：货物托运人包用飞机的部分吨位（货舱）运送货物。

（6）货主押运：由于货物的性质特殊需要托运人在运输过程中派专人随机监护运送的一种运输方式。

第二节　民航货运相关机构简介

一、国际民用航空组织（ICAO）

国际民用航空组织（International Civil Aviation Organization，ICAO）是世界范围内管理航空运输活动的最重要的国际组织。

1944年11月1日，共52个国家和地区的政府在美国芝加哥举行会议，并于12月7日签署了《国际民用航空公约》（又称为《芝加哥公约》）。根据公约，国际民用航空组织于1947年4月4日正式成立，它是负责具体实施的常设机构。1947年5月13日，该组织成为联合国所属的专门机构。

我国是该组织创始会员国之一，并于1946年正式成为会员国。1971年11月19日，ICAO第七十四届理事会第十六次会议通过决议，承认中华人民共和国政府为中国唯一合法代表，我国承认《国际民用航空公约》并于1974年2月15日起恢复参加ICAO活动。同年我国当选为二类理事国，至今已8次连选连任二类理事国。2004年，在ICAO的第三十五届大会上，我国当选为一类理事国。蒙特利尔设有中国常驻ICAO理事会代表处。

ICAO的宗旨和目的在于发展国际航空航行的原则和技术，促进国际航空运输业的发展。

ICAO主要负责国际航空运输的技术、航行及法规建设方面的工作。

它所通过的文件具有法律性,各会员国必须严格遵守。大会是ICAO的最高权力机构,由全体会员国组成。大会由理事会召集,至少每3年召开一次。理事会是大会的常设机构,对大会负责,由每3年一次选举出的36个成员组成。理事会设主席一人,他不限于只从理事国中产生,任期3年,可以连选连任。秘书处是ICAO的工作机构,由空中航行局、航空运输局、法律局、技术合作局和行政事务局组成。秘书处经理事会同意由理事会主席任命。上述机构统一在秘书长领导下负责ICAO的日常工作。

ICAO总部设在加拿大的蒙特利尔,在全球范围设有7个地区办事处,分别是西非和中非地区办事处(达喀尔)、亚洲和大洋洲地区办事处(曼谷)、欧洲和北大西洋地区办事处(巴黎)、中东地区办事处(开罗)、东非和南非地区办事处(内罗毕)、北美和加勒比地区办事处(墨西哥城)、南非地区办事处(利马)负责协调区域内有关的航空问题。

二、国际航空运输协会(IATA)

国际航空运输协会(International air Transport Association,IATA,标志见图11-1)于1945年成立,其前身是国际航空业务协会(International air Traffic Association)。1994年4月,各国航空公司在哈瓦那审议了协会章程,58家航空公司签署了文件。1945年10月,IATA第一届年会在加拿大蒙特利尔召开。加拿大的蒙特利尔也就成了IATA的总部所在地。

图11-1　IATA标志

IATA是世界航空运输企业自愿联合组织的非政府性的国际组织。凡ICAO会员国所颁发执照的任一经营定期航班的航空公司,经本国政府的许可都能成为该协会的成员。经营国际航班的航空公司为正式会员,只经营国内航班的航空公司为准会员。

IATA的最高权力机构是全体会议。全体会议由协会正式会员代表组成,每年召开一次。执行委员会是根据协会章程规定,由全体会议选举产生的。它在《IATA章程》条款规定的范围内行使协会的行政职能,以及全体会议决议随时授予的附加能力。执行委员会下设运输、财政、法律和技术4个专门委员会。

IATA 在日内瓦设有总办事处和清算所，在伦敦和新加坡设有办事机构。IATA 还在安曼、雅典、曼谷、达卡、中国香港、雅加达、吉达、吉隆坡、内罗毕、纽约、波多黎各、里约热内卢、圣地亚哥、华沙和华盛顿设有地区办事处，处理相关事宜。

目前中国内地已有多家航空公司成为 ICAO 会员航空公司：1993 年中国国际航空公司（国航）、中国东方航空公司（东航）、中国南方航空公司（南航）同时加入 IATA；1996 年，中国北方航空公司、中国西北航空公司和中国西南航空公司加入 IATA；1998 年，中国新疆航空公司（于 2003 年并入中国南方航空集团公司）、中国云南航空公司（于 2002 年与中国东方航空集团公司联合重组，改组为中国东方航空公司云南分公司）、上海航空公司（于 2002 年变更为上海航空股份有限公司）（上航）和厦门航空公司（厦航）加入 IATA；海南航空公司（海航）、山东航空公司和深圳航空公司（深航）分别在 2000 年、2001 年和 2002 年加入 IATA。1999 年中国航空结算中心和中国航空信息技术有限公司成为 IATA 的行业伙伴。

三、中国航空运输协会（CATA）

中国航空运输协会（China air Transport Association，CATA，标志见图 11-2）由国航、东航、南航、海航、上航、中国民用航空学院（2006 年更名为中国民航大学）、厦航、深航、四川航空公司 9 家单位发起，于 2005 年 9 月 26 日在北京成立。

图 11-2 CATA 标志

CATA 是依据我国有关法律规定，以民用航空公司为主体，由企事业法人和社团法人自愿参加结成的、行业性的、不以营利为目的的，经中华人民共和国民政部核准登记注册的全国性社团法人。

CATA 的基本宗旨是：遵守宪法法律规定和国家的方针政策，按照社会主义市场经济体制要求，努力为航空运输企业服务，为会员单位服务，为旅客和货主服务，维护行业和航空运输企业的合法权益，促进中国民航事业健康、快速、持续发展。

CATA 的工作方针为：以党和国家的民航政策为指导，以服务为主线，以会员单位为工作重点，积极主动扎实有效地为会员单位服务，促进提高经济效益，努力创造公平竞争、互利互惠、共同发展的健康和谐的航空运输环境。

中国民用航空局作为国务院主管全国民航事务的直属机构，目前主要承担民用航空的安全管理市场管理、空中交通管理、宏观调控和对外关系等方面的职能。随着中国正式加入世界贸易组织，国际航空运输市场竞争日趋白热化，航空公司非常需要有一个通晓国际运输规则、能够维护自己合法权益的组织。CATA 的建立完全适应了我国航空运输企业的自身发展要求。CATA 可以在以下 5 个方面发挥作用。

（1）宣传贯彻党和国家、民航总局关于中国民航建设的方针、政策及法规。

（2）主动积极听取会员单位的意见和建议，及时向政府和国家反映航空运输企业的发展、经营中存在的问题和困难，争取政府的支持。

（3）协调和协助解决航空运输市场的矛盾和纠纷，协调政府和会员单位、会员单位与会员单位之间的经济关系。

（4）通过组织交流、参观考察、理论研究、接受咨询等形式，不断学习和推广国际国内先进管理方式和经验。

（5）通过建立自律机制，规范市场行为，反对不正当竞争，维护会员单位合法权益，促进航空运输企业健康有序、快速发展。

四、国际货运代理协会联合会（FIATA）

国际货运代理协会联合会（International Federation of Freight Forwarders Association，FIATA，标志见图 11－3）是国际货运代理的行业组织。于 1926 年 5 月 31 日在奥地利维也纳成立，总部设在瑞士苏黎世，创立的目的是解决日益发展的国际货运代理业务所产生的问题，保障和提高国际货运代理在全球的利益，提高货运代理服务的质量，它是公认的国际货运代理的代表，是世界范围内运输领域中最大的非政府性和非营利性组织。

图 11－3 FIATA 标志

FIATA 有自己的章程。根据章程设立各级组织并开展活动，FIATA 每年举行一次世界性的代表大会，这一国际性的活动将运输界和货运代理紧密联合在一起，适时地引导了货物运输的整体经济发展，是一项社会性的活动，同时也是 FIATA 的最高权力机构，所有会员都可以参加。大会除了主要处理 FIATA 内部事务外，还为国际货运代理界人士提供一个社交场合及业务交流机会。

FIATA 从 20 世纪 60 年代起先后成立了若干咨询委员会及常设机构，它们分别是研究有关国际货物运输热点问题的多式联运机构、海关简化机构和货运空运机构；危险货物咨询委员会、法律事务咨询委员会、职业培训咨询委员会、公共关系咨询委员会和信息技术咨询委员会。

FIATA 的宗旨和任务如下：

（1）协调和联合各国货运代理组织和行业协会；

（2）代表和维护货运发运人的利益；

（3）协调航空货运经营人与航空承运人、政府和其他组织之间的关系；

（4）航空运输委员会的任务是促进和维护航空货运代理的利益；

（5）与 IATA 一起，设计并制订货运代理业的培训计划。

该组织的一般会员由国家货运代理协会或有关行业组织或存在的且为唯一的国际货运代理公司组成，另有为数众多这个国家中独立注册登记的国际货运代理公司或其他私营企业作为其个体会员。其会员不仅局限于国际货运代理行业，而且包括报关行、船舶代理、仓储、包装、卡车集中托运等运输企业。FIATA 现有国家级会员 96 家，分布在 86 个国家和地区；个体会员 40000 家。

我国对外贸易运输总公司作为国家级会员，于 1985 年加入了该组织。2000 年 9 月，中国国际货运代理协会成立，次年作为国家级会员加入 FIATA。我国台湾地区和香港特别行政区均为区域性会员，台湾地区以"中国台北"名称在 FIATA 登记注册。目前我国内地会员有 545 家，其中团体会员 21 家，单位会员 524 家。

五、国际航空电信协会（SITA）

国际航空电信协会（Society International De Telecommunication Aero-nautiques，SITA）是联合国民航组织认可的一个非营利性组织，是世界航空运输业领先的电信和信息技术解决方案的集成供应商。SITA 成立于 1949 年，在全球拥有 4300 名雇员，1997 年总产值起过 10 亿美元，目前在全世界拥有 650 家航空公司会员，其网络覆盖全球 180 个国家。

SITA 的发展目标就是带动全球航空业使用信息技术的能力，并提高全球航空公司的竞争能力。SITA 不仅为航空公司提供网络通信服务，还可以为其提供服务查询系统，如机场系统、行李查询系统、货运系统和国际票价系统等。

SITA 于 20 世纪 80 年代初在中国成立办事处，至今中国内地会员已达 11 家。SITA 货运系统已在中国国际航空公司、中国货运航空有限公司使用。系统开通后，货运工作人员可以与外地营业部、驻外办事处联网，及时地将航班信息、运单信息、入库信息、装载信息、货物到达信息及中转信息等数据输入系统，系统在航班关闭后自动给沿途各站拍发舱单电报、运单报等货运电报。沿途各站只要打开系统网络，就能够全程追踪货物的运输情况，从而为货主查询联程货物和进口货物提供极大方便。

第三节　民航货运相关法律、法规

一、《芝加哥公约》

《芝加哥公约》全称为《国际民用航空公约》，于 1944 年 12 月 7 日在美国芝加哥签订；1947 年 4 月 4 日起生效，是当前为世界各国广泛接受的国际公约之一。我国是《芝加哥公约》的缔约国，于 1974 年 2 月 15 日恢复了 ICAO 缔约国待遇，承认《芝加哥公约》并参加该组织的活动。

《芝加哥公约》是国际航空领域的一个宪章性文件,它对国际民航领域的基本问题做了规定。除序言外,分为空中航行、国际民用航空组织、国际航空运输和最后条款 4 部分,以及有关国际标准和建议措施的 18 个附件。它规定了 5 种空中自由权,具体如下:

(1) 不降停而飞越其领土的权利。

(2) 非商业性降停的权利,即只做技术性降停,如增加燃油,检修飞机等而不上下旅客、货物、邮件的权利。

(3) 卸下来自航空器国籍国领土的旅客、货物、邮件的权利。

(4) 装上前往航空器国籍国领土的旅客、货物、邮件的权利。

(5) 装卸前往或来自任何其他任何缔约国领土的旅客、货物、邮件的权利。

5 种空中自由权的第三种和第四种自由权是两国航空的最基本原则,第五种自由权需经双方政府谈判并达成协议。

二、《华沙公约》

《华沙公约》的全称为《统一国际航空运输某些规则的公约》。该公约于 1929 年 10 月 12 日签订于波兰华沙,于 1933 年 2 月 13 日生效。《华沙公约》的规定主要涉及国际运输中的两个方面,即航空运输凭证与承运人损害赔偿责任。

在航空运输凭证规定中,《华沙公约》规定了运输凭证的法定形式、法定内容、法定效力、对违反规定的承运人实施法律制裁,并体现了航空运输以合同为准则的基本原则。

在航空承运人损害赔偿责任规则中,《华沙公约》规定了承运人承担损害赔偿责任的范围、一般原则、损害赔偿原则、消费者索赔期限、损害赔偿责任争议、司法管辖与程序,以及仲裁等事宜。

三、《蒙特利尔公约》

1975 年,在蒙特利尔签订了第一、二、三、四号《关于修改〈统一国际航空运输某些规则的公约〉的附加议定书》(简称蒙特利尔第几号议定书),以与《华沙公约》和经《海牙议定书》《危地马拉议定书》修正的

《华沙公约》接轨为目的，对《华沙公约》中规定的以法国法郎为标准货币单位的损害赔偿金最高限额做出了变更。根据以上议定书规定，《华沙公约》缔约国如为国际货币基金组织的成员国，或本国是可以使用特别提款权的国家，《华沙公约》中以法国法郎为货币单位规定的承运人损害赔偿金最高限额，均改为以国际币基金组织特别提款权表示。

蒙特利尔第四号议定书做出的最重大改进是将客观责任原则适用于货物运输。该议定书规定：由于灭失、遗失、毁损等原因导致的货物损害，只要损害事件发生于航空运输期间，除非承运人能够证明损害的发生是由于货物属性、品质、缺陷；承运人或其雇用人代理人以外的包装货物的，货物包装不良；战争或武装冲突；实施的有关货物出境、入境、过境的行为所致，不然，承运人应当承担损害赔偿责任。不适用客观责任的，如对因延误导致的货物损害，如果承运人能够证明，为避免损害已采取了一切必要措施或不可能采取此种措施时，承运人可不承担损害赔偿责任。对因索赔方的过失导致或促成的货物损害，如经承运人也可以被全部或部分免除其损害赔偿责任。

四、《中华人民共和国民用航空法》

《中华人民共和国民用航空法》（以下简称《民航法》）由第八届全国人民代表大会常务委员会第十六次会议于 1995 年 10 月 30 日通过，自 1996 年 3 月 1 日起正式实行。在对航空货物运输的有关规定中，《民航法》吸收了《华沙公约》的主要精神，如国际航空运输的定义承运人责任期间，发、收货人的权利和义务、诉讼时效等，同时采纳了《海牙议定书》中的合理内容，删除了承运人驾驶过失免责和延长索赔时效等规定，针对承运人对货物灭失或损害的责任，《民航法》采取了更为严格的态度，即不是以是否存在过失来判断承运人是否负责，而是严格责任制。

第四节 航空货物运输代理人

航空货物运输代理人是随着航空运输的发展而产生的。航空运输销售代理业是指受民用航空运输企业委托,在约定的授权范围内,以委托人名义代为处理航空客货运输销售及相关业务的营利性行业。从事航空运输销售代理业的企业称为航空货物运输代理人。在现代社会中,航空货物运输代理人在航空运输企业和旅客、货主之间扮演着非常重要的角色。

一、航空货运代理人的定义

航空货物运输代理人(The Air Cargo Agent)是伴随着航空货物运输市场的繁荣而发展起来的。它通常是接受航空公司委托人的委托专门从事航空组织工作如揽货、接货、订舱、制单报关、交运、转运等,为货主和航空承运人提供各种服务,从而获取一定的报酬。它是航空货物市场中连接货主和航空承运人的重要桥梁和纽带。

航空货运代理是社会分工和专业化发展的结果。在"二战"后,航空货物运输才开始出现。早期的货物运输主要依靠航空公司自己开拓市场。随着国际贸易和航空货物运输市场的发展,一些经营海运和旅游代理业务的公司便在公司内部加设空运代理部门,专营空运代理业务。很快就出现了一个个独立的专门性空运代理公司,并逐步发展成为空运代理行业。目前航空货物运输代理人已经渗透到航空运输的各个角落,成为航空货物运输业不可缺少的组成部分。航空货物运输代理人专门从事航空货运的代理工作,业务娴熟,经验丰富,精通运输、贸易、保险和法律方面的知识。

从20世纪80年代开始,我国开始大力发展航空货物运输代理,打破了以前由中国对外贸易总公司一家垄断国际货代代理,包括航空货运代理的局面。很快,在80年代中期,出现了50多家专业航空货运代理公司。目前,提供航空运输辅助服务的近3万家代理公司中,有相当一部分属于专门的航空货运代理或者开设了航空货运代理业务。航空货运代理在联系航空公司和货源市场方面逐步发挥着主渠道的作用，已经成为发展航空货物运输必不可少的重要环节。要开拓国内国际航空和货运市场，必须大力发展我国航空货运代理，建立健全航空货运代理网络。

二、航空货运代理人的类型

目前，世界各国的航空货物运输代理公司数量众多，类型不一。

（1）按照所代理的主体划分，可分为 IATA 货运代理和普通航空货运代理两类，前者获得 IATA 成员航空公司认可和授权，并代表航空公司从事活动；后者通常接受托运人的委托，代表托运人处理各项业务。我国的代理人大多数具有双重身份，但世界上很多国家禁止双重身份。

（2）按照代理业务范围划分，可分为具有经营国际业务资格的国际航空货运代理人和只具有经营国内业务资格的国内航空货运代理人。我国采用一类空运销售代理和二类空运销售代理的概念，根据中国民用航空局的规定，一类空运销售代理是指经营国际航空线或香港、澳门、台湾地区航线的民用航空运输代理业务，二类空运销售代理是指经营国内航线除香港、澳门、台湾地区航线外的民用航空运输代理业务。

（3）按照业务性质划分，常见的航空货运代理有如下几种：

①订舱揽货代理，由于该类代理人与国内外货主和航空承运人有着广泛的联系，他们或代表货主向航空承运人办理订舱，或为航空承运人四处揽货，是航空承运人和货主达成航空运输合同的桥梁。

②货物装卸代理。

③货物存储代理，包括货物的保管、整理、包装及保险等业务。

④货物转运代理。

⑤货物理货代理。

⑥货物报关代理，各国对于此类代理业务有较为严格的条件限制，如必须向国家有关部门申请登记，报关人员必须经过考试合格，取得资格证书才能从事该项代理业务。

三、IATA 空运代理

要想成为 IATA 空运代理，必须向 IATA 申请注册。申请者应该具备一定条件，如充足的资金、专业的职员，并必须被至少一家航空公司指定为代理。这样，空运代理在经办货运代理业务时可以从经办的航空公司领取空白票证，获得一定比例的佣金。ATA 货运代理在办理出口货运时，可向发货人提供以下服务项目：

（1）提供设备，从发货人处收取和集中货物。

（2）填写航空货运单，计算航空货运单上所列的各项费用，保证发票和其他商业单据符合航空运输的需要。

（3）检查进出口许可证是否齐备，并办理其他有关政府规定的单据手续。

（4）保证出口商提供符合 IATA 和有关政府对危险和货物规定的包装证书。

（5）及时安排将货物送到机场准备运输。

（6）向航空公司订舱，办理托运手续。

（7）代办保险手续等。

四、集中托运人

集中托运人（Consolidator）是指专门从事空运货物代理的发运代理业务的代理人。他的做法是将多票单独发送的、目的地相同或相近的货物集中起来作为一票货物，交给承运人发送到同一目的地点。航空承运人就整票货物向集中托运人开具货运主单（HAWB），集中托运人向各个分散的货主开局分运单（HAWB）。在有些国家，集中托运人必须得到政府主管部门的批准，获得营业执照才能开业。它所提供的服务项目如下：

（1）办理集中托运业务。

（2）对所接收货物运输的全部过程负责，从托运、转运直到货物妥善交收货人接收为止。

（3）将散货拼装成大量的货物以使用包机或包舱。

（4）将货物装入集装器，交给航空公司发运。

（5）对再出口货物办理退关税手续。

集中托运人利用航空公司制定的各种不同运价，通过从大量托运人处收取散货，结成整批，集中向航空公司托运而获得较低的运价，从而赚取运费差价。对于航空公司而言,他是托运人,是大客户;对于真正的货主来说,他实际上具有承运人的身份。

第五节 国内货物收运

一、国内货物收运规定

(1) 承运人应根据运输能力、货物的性质和急缓程度,有计划地收运货物。

(2) 有特定条件及时限要求的和大批量的联程货物承运人必须预先安排好联程中转舱位才能收运。

(3) 当出现一些特殊情况,如政府法令、自然灾害或者货物不能及时运输出港造成积压时,承运人有权暂停货物的收运。

(4) 凡是国家法律法规和有关规定禁止运输的物品,承运人可以拒绝收运。凡是限制运输的及需要向公安、检疫等政府有关部门办理手续的货物,托运人应当提供有效证明。

(5) 对收运的货物应当进行安全检查。对收运后 24 小时内装机运输的货物一律实行人工检查或者通过安检仪器检测。

二、国内货物收运的限制与要求

1. 最大重量和最小尺寸限制

(1) 宽体飞机载运的货物,每件货物重量一般不超过 250kg,体积一般都不会超过 100cm×100cm×140cm;非宽体飞机载运的货物,每件重量一般不超过 80kg,体积一般不超过 40cm×60cm×100cm。

(2) 单件重量或尺寸超过上述限制的货物称为超限货物,如大型机器、流水线、汽车等。承运人依据装运机型及出发地目的地机场的装卸设备条件,充分考虑运输能力及装卸能力后方可收运超限货物。判断装运机型的运输能力时,需考虑机场地板承受力,货舱门尺寸及该机型的货物装载表。

（3）最小尺寸限制：除了新闻稿件外，货物的三边尺寸之和不能小于40cm，最小边不能小于5cm。如果不符合上述规定的小件货物应该加大包装才可交运。

2. 机舱地板承受力限制

（1）机舱地板最大承受力。

飞机货舱内每平方米的地板只能承受一定的重量。例如，波音系列飞机，下货舱散舱地板最大承受力为732kg/m^2，下货舱集装箱货舱地板最大承受力为976kg/m^2。如果超过此承受能力地板和飞机结构就会遭到破坏。因此，装载货物时一定不能超过机舱地板承受限额。

（2）地板承受力。

地板承受力（kg/m^2）=货物的重量（kg）÷货物底部与机舱的接触面积（m^2）

注意：有些货物有承重木，即在底部两边或四角装有木条或枕木。这种货物的重量是通过承重木压在机舱地板上，因此在计算地板每平方米所承受的货物重量时，应根据承重木底部面积的大小求得。如装货时无特殊要求（如不可倒置），则可以通过不同方式的摆放以获取最大可能接触面积。

（3）垫板。

当货物重量过大，为了减少货物对机舱的压力，这时可以加一个2~5m厚的垫板以增加底部接触面积，使单位压力减少，最小垫板面积计算公式为：

最小垫板面积（m^2）=货物重量（kg）÷适用机型的机舱地板最大承受力（kg/m^2）

因为垫板本身的重量在计算时为了方便忽略不计，故一般会在计得的最小面积基础上乘以120%以充分考虑安全性，计算结果采用进位法保留到小数点后两位，如0.232m^2≈0.24m^2。

3. 货舱门限制

货物单件的尺寸超过规定的标准尺寸时，可视具体运输机型的货舱门大小来确定是否可装运。一般均需考虑操作空间，即货物的实际尺寸需小于货舱门尺寸 10cm 左右。

4. 体积限制

各类机型的装载表通常作为判断形状比较特殊，即单边特别长的货物能否装入飞机货舱中的依据。如果货物的高和宽在舱门尺寸限制以内，则最长限定额可查阅 IATA 货运资料中的机型装载表。只要货物实际长度小于表中查得的数据，则货物可以收运，否则不可收运。若高或宽任一边超过最大尺寸，可视货物能否任意放置来决定能否装运。

（1）货物尺寸的量取。

量取货物的尺寸时，无论货物是规则的还是不规则的几何体，均应量至最长最宽最高，单位为 cm。

（2）一般情况下，不同机型所载运货物的长、宽、高（包括垫板）的最大尺寸不超过飞机的舱门尺寸限制，货物的最长限定额可从机型装载表中查阅。

5. 价值限制

中国民用航空局规定，国内货物运输中，每票货物的声明价值不得超过 50 万元人民币，每趟航班所承运货物声明价值总额不得超过 1000 万元人民币。

三、集装货物运输

1. 集装运输的特点

集装运输就是将一定数量的货物装入集装货物的箱内或装在带有网套的板上作为运输单位进行运输。集装运输具有以下特点：

（1）减少货物装运时间，提高工作效率。航空货物传统的装运操作方式是将货物从仓库通过拖斗车运到停机坪，再将每件货物分别装上飞机。使用集装设备运输货物，可以通过平台车迅速地将货物装上飞机，从而减少装运时间。

（2）减少货物周转次数，降低地面等待时间，提高货物完好率。以集装运输代替散件装机，货物装卸过程简化为装入集装设备和卸下集装设备两个环节，货物装卸次数减少，飞机停场时间缩短，有利于提高飞机利用率，同时，降低了货物破损的可能性。

（3）减少差错事故，提高运输质量。采用集装设备，工作人员有充裕的时间组织地面运输工作，按货物的到达站和种类提前进行能性集装，成组装机或卸机减少了发生差错事故的可能性。

（4）节省货物的包装材料和费用。采用集装器运输，设备本身较为坚固，对货物有保护作用，所以对采用集装器运输的货物，在包装上要求较低，可以节省用于货物包装的材料和费用。

（5）有利于组织联合运输和"门到门"服务。货物运输集装化，进行海空、陆空联运，是货运发展的大趋势。采用集装器运输货物可以直接将集装设备租给用户，送到企业实现"门到门"服务。

集装运输的不足之处：集装设备多由轻质铝合金材料或玻璃钢等材料制成，因此造价高；如果回程是空箱、空板，对航空公司来说就很不经济；集装设备本身的重量也占据了飞机的业载等。

2. 集装设备的种类

（1）集装器按注册与非注册划分。

①注册的飞机集装器。此类集装器是由政府有关机构授权的集装器制造商制造并授予证书，能满足飞机安全需要。此类集装器被认为是飞机可装卸的货舱，能起到保护飞机设备和结构的作用。

②非注册的飞机集装器。此类集装器是指没有经过有关部门授权生产的、未取得适航证书的集装器。非注册的飞机集装器不能作为飞机可装卸的货舱，因为它们的形状不能完全符合飞机机舱轮廓，但适应地面操作环境。此类集装器只能用于指定机型及指定的货舱内。

（2）集装器按结构划分。

①集装板和网套。集装板是具有标准尺寸的，厚度般不超过1英寸，四边带有卡锁轨或网带卡锁眼，带有中间夹层的硬铝合金制成的平板，以便货物在其上码放；网套用来把货物固定在集装板上，靠专门的卡锁装置来固定。

②结构与非结构集装棚。为了充分地利用飞机内的空间、保护飞机的内壁，除了板和网之外，还可增加一个非结构的棚罩（可用轻金属制成，罩在货物和网套之间），这就是非结构的集装棚。结构集装棚是指带有固定在底板上的外壳的集装设备，它形成了一个完整的箱，不需要网套固

定,分为拱形和长方形两种。

③集装箱。集装箱类似于结构集装棚,它又可分为空陆联运集装箱或内结构集装箱、主货舱集装箱和下货舱集装箱。图11-4为集装货物示例。

图11-4　集装货物

3. 集装器的编号

集装器的编号由三部分组成,第一部分由3个英文字母组成,第二部分由四位或五位数字组成,第三部分由空运企业二字英文代号组成,如AKE2001HU,这些代号表示集装器的类型、尺寸、外形、与飞机是否匹配、是否注册等因素,如图11-5所示。

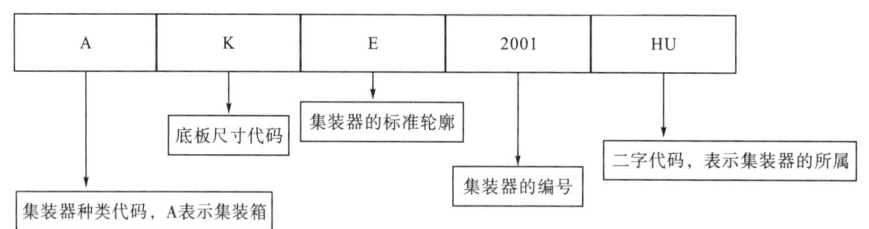

图11-5　集装器编号图解

(1) 第一部分英文字母的含义。

①第一位英文字母表示集装器种类,具体如下:

A:注册的飞机集装箱(certified aircraft container)

D:非注册的飞机集装箱(non-certified aircraft container)

P:注册的飞机集装板(certified aircraft pallet)

F:非注册的飞机集装板(non-certified aircraft pallet)

N：注册的飞机集装板网套（certified aircraft pallet net）

G：非注册的飞机集装板网套（non-certified aircraft pallet net）

R：注册的飞机保温集装箱（thermal certified aircraft container）

M：非注册的飞机保温集装箱（the thermal non-certified aircraft container）

J：非结构的保温集装箱（thermal non-structural container）

U：非结构集装棚（non-structural igloo）

②第二位英文字母表示集装器的底板尺寸，具体如下：

A：224cm×318cm（88in×125in）

B：224cm×274cm（88in×108in）

E：224cm×135cm（88in×53in）

G：244cm×606cm（96in×238.5in）

K：153cm×156cm（60.4in×61.5in）

L：153cm×318cm（60.4in×125in）

M：244cm×318cm（96in×125in）

③第三位英文字母表示此集装器的装载轮廓或外形及适用机型。具体如下：

E：适用于B747、A310、DC10、L1011下货舱无叉眼装置的半型集装箱

N：适用于B747、A310、DC10、L1011下货舱有叉眼装置的半型集装箱

P：适用于B47COMB主货舱及B747、A310、DC10、L1011下货舱的集装板

A：适用于BZT主货舱集装箱

（2）第二部分数字的含义。

第二部分数字表示集装器编号（集装器所属空运企业自行编排的序号）由四位或五位阿拉伯数字组成。

（3）第三部分英文代号的含义。

第三部分英文代号表示集装器所属空运企业的两字代码，如HU表示中国海南航空有限公司。

第六节 货物标记与标签

货物标志包括货物标记和货物标签，托运人或其代理人必须在货物包装上书写货物标记，并粘贴或拴挂货物标签。

一、货物标记

（1）货物标记是由托运人书写，印刷或粘贴在货物外包装上的有关记号、操作注意事项和说明等，包括以下内容（其中①②为必写内容）：

①货物的目的站，收货人名称、地址、电话或传真号码。

②货物的始发站，托运人名称、地址、电话或传真号码。

③货物储运注意事项，如"小心轻放""潮湿"等；大件货物的包装表面标明的"重心点""由此吊起"等由文字及或图案组成的操作图示。

④货物合同号、贸易标记、包装系列号等。

⑤货物的单价、毛重或净重。

（2）货物标记应与货运单的有关内容相一致。

（3）托运人使用旧包装时，必须清除原包装上的残旧货物标记。

（4）货物包装上的标记应附着牢固，字迹、图案清晰，容易识别。

（5）托运人应在其托运的每一件货物的外包装上书写货物标记。如果货物表面不便于书写，可写在纸张上，然后粘贴在货物外包装上。外包装无法粘贴的货物，可以写在纸板、木板或布条上，再钉、拴在外包装上面。

二、货物标签

货物标签分为运输标签、特种货物标签和操作标签。其质地分为两种，粘贴用的软纸不干胶标签和拴挂用的硬纸标签。

1. 运输标签

运输标签是标明货运单号码、货物流向重量与件数的标志，作用是防止货物丢失或者运输错误。

2. 特种货物标签

特种货物标签是说明特种货物性质的各类识别性标签,其作用是提示操作人员按照货物的特性进行操作,预防事故的发生。有以下这些:

(1)"易碎物品"标签。

在收运易碎物品货物时,应在货物各正面上加贴"易碎物品"标签,以示货物在运输过程中需要小心轻放,避免由于碰撞而使货物受损。如图11-6所示。

图 11-6 "易碎物品"标签

(2)"鲜活易腐"货物标签。

在收运鲜活易腐货物时,应在货物外包装各正面上加贴"鲜活易腐"标签,以示货物在运输过程中易发生腐烂变质,需要给予特殊的照顾。

(3)"活体动物"标签。

在收运活体动物时应在货物外包装各正面上加贴"(活体)动物"标签,以便于在运输过程中引起注意,加强照料。

(4)"实验用动物"标签。

在收运实验用动物时,需要在货物外包装上加贴"实验用动物"标签,以便于在运输过程中引起注意,防止动物受到细菌感染。

(5)"急件"标签。

在收运急件运输的货物时,需要在货物外包装上加贴"急件"标签,以便于在运输过程中引起注意。

(6)"货物"标签。

"货物"标签主要用于作为货物运输的行李及外形类似于集装设备的货物,防止在运输过程中漏卸、丢失。

3. 操作标签

操作标签是标明货物储运注意事项的各类标志。其作用是提示工作人员按标签的要求操作,以达到安全运输的目的。

(1)"请勿倒置"标签。

在收运禁止倒置的货物时,应在货物的外包装上加贴"请勿倒置"标签,以防止货物在运输过程中因倒置而受到损坏。如图11-7所示。

图11-7 "请勿倒置"标签

(2)"注意固定"标签。

在收运一些大件货物时,应在货物的外包装上加贴"注意固定"标签,以防止货物在运输过程中因滑动而受到损坏或者破坏其他货物。

(3)"保持温度"标签。

在收运一些需要保持在某个温度范围内运输的货物时,应在货物的外包装上加贴"保持温度"标签,以防止货物在运输过程中变质损坏。

(4)"谨防潮湿"标签。

在收运一些需要保持在干燥环境下运输的货物时,应在货物的外包装上加贴"谨防潮湿"标签，以防止货物在运输过程中因受潮而损坏。

三、货物标签贴挂注意事项

（1）货物标签应由托运人粘贴（或拴挂），承运人应协助托运人正确地粘贴（或拴挂）标签并检查标签粘贴（或拴挂）情况，发现错、漏或位置不当时，应立即纠正。

（2）所有货物标签应粘贴（或拴挂）在与收货人姓名、地力相邻的位置。

（3）托运人使用旧包装时，必须清楚原包装上的残旧标签。

（4）每件货物的外包装上都必须要贴挂一个或者多个运输标签，当一件货物需贴挂两个或两个以上标签时应在包装两侧的对称部位贴挂。注意不能贴挂在包装外部的捆扎材料上，也不得贴挂在货物顶部或底部。

（5）包装形状特殊的货物，应根据情况将标签粘贴（或拴挂）在明显部位。

（6）凡是用陶瓷、玻璃做容器的液体气体货物，或者精密易损、质脆易碎的外包装物，其外包装必须粘贴"小心轻放""向上"的指示标签。

（7）包机运输的货物，如果货物全属于一个单位，运往同一个目的站而不转机运输时，可以不用贴挂运输标签。

本章练习题

民航货运相关国际组织有哪些？

_____

_____

第十二章　托运书和航空货运单的填写

第一节　货物托运书

一、国内货物托运的一般规定

1. 货物托运书的定义

货物托运书是指托运人办理货物托运时填写的书面文件,是据以填开航空货运单的凭证。货物托运书在托运时被视为航空货物运输合同的一个组成部分——委托书。

2. 一般规定

(1) 托运国内货物凭本人居民身份证或者其他有效证件。

(2) 填写货物托运书,办理托运手续,如需出具单位介绍信或其他有效证明时,托运人也应予以提供。

(3) 托运政府规定限制运输的货物、有需要向公安检疫等有关部门办理手续的货物,应当随附有效证明。

(4) 托运国际货物,托运人所交运的货物必须符合有关始发中转和目的地国家的法律、法令和规定以及有关航空公司的规定。

(5) 交运货物前,托运人必须自行或委托代理人办妥海关、卫生检疫等货物出境手续。因运输条件或者货物性质不同而不能在一起运输的货物,应当分别填写托运书为确保航空运输安全,承运人或承运人的地面操作代理有权对收运的货物进行安全检查。

二、货物托运书的填写

1. 托运书的填写要求

（1）货物托运书应使用钢笔或圆珠笔书写，有些项目如名称地址、电话等可盖戳印代替书写。字迹要清晰易认，不能潦草。不能使用非国家规定的简化字。托运人对所填写的单位个人或物品等内容应当使用全称。

（2）托运人应认真填写托运书，对所填内容的真实性与正确性负责，并在托运书上签字或者盖章。

（3）一张托运书托运的货物，只能有一个目的地、一个收货人，并以此填写一份航空货运单。

（4）运输条件或性质不同的货物，不能使用同一张货物托运书托运。运输条件不同，不能使用同一张货物托运书，如活动物和普通货物的运输。不同时效的货物不能使用同一张货物托运书，如急救药品和普通货物的运输。货物托运书应当和相应的货运单存根联及其他必要的运输文件副本放在一起，按照货运单号码顺序装订成册，作为核查货物运输的原始依据。

货物托运书的样式如表12-1所示。

2. 国内货物托运书的填写规范

托运书具体填写内容除粗线栏以外，托运书的其他各栏均由托运人填写。托运书由航空公司或其代理人提供托运书印有公司LOGO及标识。各航空公司的托运书样式各有差异，但均包含以下内容：

（1）航空货运单号码栏：由承运人填写该票货物的货运单号码。

（2）始发站栏：填写货物始发站机场所在城市的名称，地名应写标准中文全称，有两个或两个以上机场的城市，应在城市的名称后注明机场名称，例如上海虹桥、上海浦东等。

（3）目的站栏：填写货物目的站机场所在城市的名称，地名应写标准中文全称，有两个或两个以上机场的城市，托运人应指定到达站机场，并在目的站名称栏内注明，例如上海虹桥、上海浦东等。

表 12-1　货物托运书

始发站		目的站	
托运人姓名或单位名称		邮政编码	
托运人地址		电话号码	
收货人姓名或单位名称		邮政编码	
收货人地址		电话号码	
储运注意事项及其他		声明价值　　保险价值	
件数　　毛重　　计费重量		货物品名（包括包装、尺寸）	

说明：1. 托运人应当详细填写或审核本托运书各项内容，并对其正确性和真实性负责。 2. 如有不实申报价值的货物发生丢失、损坏或被冒领的，赔偿价值以此托运书的注明为准，造成赔偿不足的责任由托运人或收货人负责。 3. 承运人根据本托运书填开的航空货运单经托运人签字后，航空运输合同即告成立。 托运人或其代理人签字（盖章）： 托运人或其代理人身份证号码：	货运单号码	
	经办人	X光机检查
		检查货物
		计算重量
		填写标签
		年　月　日

（4）托运人姓名地址、电话号码栏：填写托运人全名，托运人姓名要与有效身份证件上的姓名一致，如果提供了地址或单位，则地址或名称要详细。联系电话要留移动电话号码或24小时有人值守的固定电话，号码要书写清楚准确。

（5）收货人姓名地址、电话号码栏：填写收货人全名，收货人姓名要与有效身份证件上的姓名一致，如果提供了地址或单位，则地址或名称要详细。联系电话要留移动电话号码或24小时有人值守的固定电话，号码要书写清楚准确。

（6）航班日期栏：声明有无预定航班并在相应栏内划"√"，如已订妥航班，应填写的托运人已预先订妥的航班号及日期。

（7）备注栏：属于危险物品、押运货物、急件贵重物品或其他特种货物的在此栏内注明。

（8）件数栏：填写托运货物的总件数。

（9）包装栏：填写货物实际使用的外包装类别，如泡沫箱、瓦楞纸箱、纤维袋等，如果该批货物包装不同，应分别写明数量和包装类型，填写每件货物的外包装尺寸和体积，单位分别用厘米和立方米表示，货物尺寸按其外包装的长×宽×高×件数的顺序填写。

（10）货物品名栏：填写货物的具体名称，不再填写表示货物类别的统称和品牌（如电脑、电视机等不能填写电子产品、心电图仪及压力表等不能填写仪器仪表），急件、快件、押运货物、动物等不能作为货物品名。

（11）实际重量栏：填写不同种类货物的毛重和货物的总毛重。

（12）计费重量栏：填写计收运费的货物重量。

（13）保险金额栏：本着自愿的原则，托运人选择是否投保航空运输险，投保航空运输险的将投保价值填写在此栏内。

（14）安全检查栏：需要办理安全检查的货物在办理安全检查手续后由安全检查部门在此栏内填写或加盖戳记。

（15）储运注意事项栏：填写货物在保管运输过程中应注意的事项或其他有关事宜。

（16）托运人或其代理人签字盖章栏：由托运人或其代理人签字或盖章。

（17）托运人有效身份证件及号码栏：填写托运人或其代理人的有效身份证件的名称及全部号码。

（18）承运人签字及日期栏：由承运人或其代理人签字并填写收运货物的日期，货物托运书应与货运单存根联一起装订留存。

第二节　航空货运单

一、航空货运单简介

1. 航空货运单的含义及相关规定

（1）航空货运单是托运人（或其代理人）和承运人（或其代理人）之间缔结的货物运输合同契约，同时也是承运人运输货物的重要证明文件。

（2）航空货运单分为有出票人标志的货运单和无任何承运人标志的中性货运单两种。

（3）航空货运单不可转让，所有权属于出票航空公司，即货运单所属的空运企业。在货运单的右上角印有"不可转让"字样，任何 IATA 成员公司均不得印制可以转让的航空货运单，"不可转让"字样不可被删去或篡改。

（4）一张航空货运单只能用于一个托运人（根据一份托运书）在同一时间、同一地点托运的，运往同一目的地、同一收货人的一件或者多件货物。

2. 航空货运单的有效期

（1）货运单填制完毕后，以托运人（或其代理人）和承运人（或其代理人）在货运单上签字或盖章为货运单作为运输初步凭证的有效性开始。货物运至目的地之后，收货人在交付联或提货通知单上签收认可后，其有效性即告结束。

（2）作为运输契约，其法律依据在运输停止之日起两年内均有效。

3. 航空货运单的构成

国内使用的航空货运单一式八联，其中正本三联，副本五联。航空货运单的三联正本具有同等法律效力。

（1）第一联，甲联：正本 3，蓝色，为托运人联。作为托运人支付货物运费、承运人承运货物的凭证。

（2）第二联，乙联：正本 1，绿色，为财务联。作为记账凭证送财务部门。

（3）第三联，丙联：副本 7，粉红色，为第一承运人联。由第一承运人留交其财务部门作为凭证。

（4）第四联，丁联：正本2，黄色，为收货人联。在目的站交收货人。

（5）第五联，戊联：副本4，白色，为货物交付联。收货人提取货物时在此联签字，由承运人留存。

（6）第六联，己联：副本5，白色，为目的站联。由目的站机场留存。也可作为第三承运人联，由第三承运人留交其财务部门作为结算凭证。

（7）第七联，庚联：副本6，白色，为第二承运人联，由第二承运人留交其财务部门作为结算凭证。

（8）第八联，辛联：副本8，白色，为代理人联，由货运单填制人留存备查。

4．航空货运单的作用

（1）航空货运单是发货人与承运人之间订立的运输合同。

（2）航空货运单是承运人签发的已接收货物的证明。

（3）航空货运单是承运人据以核收运费的账单。

（4）航空物运单是报关单证之一。

（5）航空物运单同时可作为保险证书。

（6）航空物运单是承运人内部业务的依据。

二、航空货运单的填制

1．航空货运单填写的一般规定

（1）货运单应当由托运人填写，连同货物交给承运人。如果承运人依据托运人提供的货物托运书填制货运单并经托运人签字，则该货运单应当被视为代托运人填写。

（2）货运单上的各项内容应完整齐全，不得任意简化或省略。托运人应当对货运单上所填写的关于货物的说明和声明的真实性与准确性负责。

（3）货运单应按编号顺序使用，不得越号。

（4）货运单一般应使用电脑打制。人工填写货运单时，应使用圆珠笔书写。字迹清晰、准确，不能潦草。

（5）货运单填制后，由托运人进行复核，以保证各项内容正确无误，货运单经托运人和承运人签字或盖章后生效。

国内航空货运单的样式及填写示例如表12-2、12-3所示：

表 12-2 国内航空货运单

始发站 Airport of Departure		目的站 Airport of Destination		不得转让 NOT NEGOTIABLE 航空货运单 Air WAYBILL 印发人 Issued by
托运人姓名、地址、邮编、电话号码 Shipper's Name, Address, Postcode & Telephone No.				货物提取时完好无损 Received in Good Order and Condition 收货人签字　　　　　日期 Received By　　　　　　Date
收货人姓名、地址、邮编、电话号码 Consignee's Name, Address, Postcode & Telephone No.				收货人有效身份证件及号码 ID Card Number 交付人签字　　　　　日期 Delivered By　　　　　　Date 填开货运单的代理人名称 Issuing Carrier's Agent Name
航线 Routing	到达站 To	第一承运人 By First Carrier	到达站 To	承运人 By	到达站 To	承运人 By
航班/日期 Flight/Date	航班/日期 Flight/Date		运输声明价值 Decalered Value for Carriage		运输保险价值 Amount of Insurance	
储运注意事项及其他 Handling Information and Others 注意防潮！						

续表

件数 No. of Pcs. RCP	毛重（千克） GrossWeight (kg)	运价种类 Rate Class	商品代号 Comm. Item No.	计费重量（千克） Chargeable Weight(kg)	费率 Rate/kg	航空运费 Weight Charge	货物品名（包括包装、尺寸或体积） Discriptions of Goods (incl. Packaging, Dimensions or Volume)

预付 Prepaid　　　到付 Collect

航空运费 Weight Charge		其他费用 Other Charge
声明价值附加费 Valuation Charge		本人郑重声明：此航空货运单上所填货物品名和货物运输声明价值与实际交运货物品名和货物声明价值完全一致。并对所填航空货运单和所提供的与运输有关文件的真实性和准确性负责。 Shipper certifies that description of goods and declared value for carriage on the face hereof are consistent with actual value of goods and that particulars on the face hereof are correct.
地面运费 Surface Charge		托运人或其代理人签字、盖章 Signature of Shipper or His Agent
其他费用 Other Charge		
总额（人民币）Total (CNY)		填开日期　　　填开地点 Executed on (Date)　　At (Place)
付款方式 Form of Payment		填开人或其代理人签字、盖章 Signature of Issuing Carrier or Its Agent

×××－×××××××

表 12-3 国内航空货运单填写示例

始发站 Airport of Departure	成都	目的站 Airport of Destination	上海	不得转让 NOT NEGOTIABLE 航空货运单 Air WAYBILL　　　中国四川航空公司
托运人姓名、地址、邮编、电话号码 Shipper's Name, Address, Postcode & Telephone No. 谢帝 成都市温江区光华大道一段3号 邮政编码：613000 电话号码：028-87068209				印发人 Issued by
				货物提取时完好无损 Received in Good Order and Condition 收货人签字　　　　　日期 Received By　　　　　Date
收货人姓名、地址、邮编、电话号码 Consignee's Name, Address, Postcode & Telephone No. 邓超 上海市闵行区银都路4189号 邮政编码：201100 电话号码：021-64604108				收货人有效身份证件及号码 ID Card Number
				交付人签字　　　　　日期 Delivered By　　　　Date
				填开货运单的代理人名称 Issuing Carrier's Agent Name
航线 Routing	到达站 To SHA	第一承运人 By First Carrier 3U	到达站 To	承运人 By	到达站 To	承运人 By
航班/日期 Flight/Date		航班/日期 Flight/Date	运输声明价值 Decalered Value for Carriage 无		运输保险价值 Amount of Insurance 无	
储运注意事项及其他 Handling Information and Others 注意防潮！						

154

续表

件数 No. of Pcs. RCP	毛重（千克） Gross Weight (kg)	运价种类 Rate Class	商品代号 Comm. Item No.	计费重量（千克） Chargeable Weight(kg)	费率/kg Rate/kg	航空运费 Weight Charge	货物品名（包括包装、尺寸或体积） Descriptions of Goods (incl. Packaging, Dimensions or Volume)
10	95	Q		100	3.90	390.00	教材/纸箱 35cm×35cm×40cm×12
预付 Prepaid			到付 Collect				其他费用 Other Charge
航空运费 Weight Charge 390.00							本人郑重声明：此航空货运单上所填货物品名和货物运输声明价值与实际交运货物品名和货物运输声明价值完全一致，并对所填航空货运单和所提供的与运输有关文件的真实性和准确性负责。 Shipper certifies that description of goods and declared value for carriage on the face hereof are consistent with actual value of goods and that particulars on the face hereof are correct.
声明价值附加费 Valuation Charge							
地面运费 Surface Charge							托运人或其代理人签字，盖章 Signature of Shipper or His Agent　谢帝
其他费用 Other Charge							
总额（人民币） Total (CNY) 390.00							填开日期　　　填开地点　　填开人或其代理人签字，盖章 Executed on (Date)　At (Place)　Signature of Issuing Carrier or Its Agent 2015.6.15　成都
付款方式 Form of Payment			现金				

×××－××××××××

2. 国内航空货运单的填写

(1) 始发站栏：填写货物始发站机场所在城市的名称，地名应写全称，不得简写或使用代码。

(2) 目的站栏：填写货物目的站机场所在城市的名称，地名应写全称，不得简写或使用代码。

(3) 托运人姓名、地址、邮政编码、电话号码栏：填写交运货物人的姓名、地址、邮政编码及电话号码。

(4) 收货人姓名、地址、邮政编码、电话号码栏：填写收货人的详细名称、地址、邮政编码及电话号码。此栏所填内容不得任意简化或省略。

(5) 到达站及承运人栏：填写第一承运人载运的货物到达的中转航空港，或第二、三承运人将货物最终运往的目的站。在填写此栏时，应靠上书写到站和承运人，留出适当空间，以备遇到中转或变更到达站及承运人时书写之用。

(6) 航班/日期栏：填写从始发站开始承运货物的各承运人的航班号码及承运日期（用以区分各承运人）。

(7) 运输声明价值：填写托运人向承运人办理货物声明价值的金额。

(8) 运输保险价值：填写托运人所投保的货物价值的金额。

(9) 储运注意事项及其他：填写收运的货物在仓库保管、装卸运输中应注意的事项或其他有关事宜。

(10) 件数栏：填写托运人交运航空货物的总件数。

(11) 毛重栏：填写货物经过过磅后的实际重量（kg）。

(12) 运价种类栏：填写所采用的货物运价种类代号。

(13) 商品代号栏：如果使用指定商品运价时，填写指定商品代号。

(14) 计费重量栏：填写轻泡货物按体积折算的重量（kg）或实际计算运费的重量（kg）。

(15) 费率栏：填写所适用的货物运价（费率）。

(16) 航空运费栏：填写根据货物运价和货物计费重量计算出的航空运费金额。

(17) 货物品名栏：填写托运人交运货物的具体名称。

(18) 声明价值附加费栏：填写按规定收取的货物声明价值附加费。

（19）地面运费栏：填写始发站和目的站机场与市内货运营业处之间用车辆在地面运输所收取的费用。

（20）其他费用栏：填写除了运费、声明价值附加费、地面运费以外根据规定需要收取的其他费用（保险费可以单独填写在空格栏内）。

（21）总额栏：填写 16、18、19、20 栏的费用总和。

（22）托运人或其代理人签字盖章栏：请托运人或其代理人签字或盖章。

（23）填开日期、填开地点、填开人或代理人签字盖章：此栏由承运人或其委托的代理人负责填写。

（24）付款方式栏：填写现金或其他付款方式。

3. 货运单的修改

（1）当货运单内容填写出现错误，需要修改时，应将错误划去，然后在旁边的空白处填写正确的内容，并在货运单各联的修改处加戳印。

（2）每份货运单修改之处不得超过三处。如果发生多处填写错误或填写错误无法修改清楚时应另填制新的货运单，原货运单作废。

（3）已经作废的货运单，应在全部各联上加盖"作废"的戳印，随同货物销售日报送财务部门注销。

（4）修改货运单时，还应严格遵守财务部门的其他各项规定。

本章练习题

1. 简述什么是航空货物托运书和货运单。

2. 在填写航空货运单时应该注意哪些事项？

第十三章 其他货物运输处理

第一节 特殊处理的货物运输

一、特种货物运输

(一) 特种货物机长通知单

(1) 特种货物装机后必须填开"特种货物机长通知单",在航班离港前送达机长签收。

当空中出现紧急情况时,机长可以根据该通知单上所列装载的特种货物的种类、数量及装载位置采取相应的措施。

(2) "特种货物机长通知单"是货运部门与机组进行特种货物运输交接的凭证。货物配载人员或有关人员应在飞机起飞前填好"特种货物机长通知单"一式四份,分别由配载、平衡、监装和机组人员签字,目的站、配载部门、平衡部门和机组各保存一份。

(二) 贵重物品运输

1. 定义

贵重物品是指珍贵的、价值高的,承运人需要进行特殊安排处理和储存的一类物品。凡交运的货物,为下列物品中的一种或多种的,称为贵重物品。

(1) 黄金、白金及其制品，稀贵金属（包括钯、铱、钌、锇、铑）及其制品。

(2) 各类宝石、钻石（包括工业钻石）、玉器、珍珠及其制品。

(3) 珍贵文物（包括名人字画、书、古玩）等。

(4) 现钞、纪念品、有价证券（包括股票债券、印有面值的各种票据，已填写的运输凭证和已由银行填写的存折、支票、汇票）等。

(5) 声明价值毛重每千克超过（或等于）2000元人民币的物品。

2. 运输注意事项

(1) 除有人押运的人民币和其他有价证券等不易损坏的物品，其外包装可以用结实的麻布袋包装外，其他贵重物品应根据其性质采用坚固的木箱或铁皮箱包装。

外包装压用"♯"形铁腰捆紧，包装箱接缝处必须用铅封或火漆封志，封志要完好，封志上最好有托运人的特别印记。

(2) 贵重物品包装内应用衬垫材料填塞严实，不得松动。

(3) 外包装上必须使用挂签，不得使用贴签或其他粘贴物。在货物外包装上不得有任何显示货物性质、种类的标志。

(4) 收运贵重物品，要认真检查包装封志是否完好。如有缺陷，要求货主完善包装，否则拒绝接收该货物。

(三) 活体动物的运输

1. 定义

活体动物包括活的家禽、鸟类、哺乳动物、爬行动物、鱼、昆虫、甲壳类动物、贝壳类动物。

2. 承运条件

托运人托运活体动物必须符合下列条件：

(1) 动物健康状况良好，无传染性疾病。托运属于检疫范围的动物，应提供当地县级（含）以上检疫部门出具的"出县境动物检疫合格证明"（简称动物检疫证明）。

(2) 动物检疫合格证明至少一式两份，一份收运部门留存，一份随货物运至目的站。

(3) 托运属于国家保护的动物，应提供省部级政府主管部门出具的准运证明；托运濒危动物及物品，应提供国家有关部门提供的准运证明；托运属于市场管理范围的动物，应提供当地县市级市场管理部门出具的证明。

（4）应预先订妥航班、日期、舱位。

（5）托运人必须向承运人提供动物喂食、饮水、清扫以及操作的指示说明。

（6）托运人应按与承运人约定的时间、地点办理托运手续，并负责通知收货人前往目的站机场等候提货。

3. 包装要求

（1）运输动物的包装容器应坚固、轻便、无毒，并符合国家及承运人的有关确定。

（2）包装容器内应光滑，不能有尖锐的边缘或突出物。

（3）包装容器的尺寸应适合不同机型的舱门尺寸和货舱容积。

（4）包装容器坚固，能防止活体动物破坏逃逸和接触外界。容器上应有安全的、便于搬运的装置，活体动物的出入口处应设有安全设施，以防发生事故。

（5）包装容器必须回放托盘和吸湿物，防止活体动物粪便漏溢，以免污染飞机、行李、邮件和其他货物。应使用薄海绵等吸附性材料作为内包装容器的吸湿物，严禁用稻草等重量轻体积细小的物质，以免阻塞飞机的通风和空调系统。

（6）包装容器必须有足够的通气孔，以防止活体动物窒息。对于不能离水的活体动应注意其包装以防止水的漏溢及因缺氧而造成活体动物在运输途中的死亡。

（7）包装结构应合理而坚固，使用时根据各物种的体长、体重等特征对包装容器大小进行调整，保证动物在运输过程中的舒适，从而不妨碍飞行安全和秩序。

（8）必要时，包装容器内应备有饲养设备和饲料。

（9）包装容器上应清楚地写明托运人及收货人的姓名、详细地址及联系电话。

（10）包装容器上应贴有"动物"（或"实验用动物"）和"向上"等

标签，有毒动物还应特别注明。

（11）非尼龙袋包装的带水活鱼介类，其容器应能防止漏水，以免污染、损坏飞机设备。

（12）装运大型活体动物的包装容器必须适合机械操作和装卸。

4. 活体动物的货运单填制要求

（1）运输活体动物与其他货物不得使用同一份货运单，即不得填制在同一份货运单内；

（2）填写货运单时，在"货物品名"栏内，须填写此活体动物容器的尺寸，并注明"活体动物"字样，同时在货邮舱单上和载重电报中作相应注明。

（四）鲜活易腐物品的运输

1. 定义

鲜活易腐货物是指在一般运输条件下因气候、温度湿度、气压变化或运输时间等原因，容易引起变质、腐烂或死亡的货物，如肉类、水产品、鲜花、蔬菜类、水果、乳制品、植物等。

2. 收运条件

（1）托运人应提供最长允许运输时限和储运注意事项。除另有约定外，鲜活易腐货物的运输时限不应少于 24 小时。

（2）托运人必须先向承运人订妥航班、日期、舱位，按与承运人约定的时间、地点办理货物托运手续，并负责通知收货人到目的站机场等候提货。

（3）政府规定需要进行检疫的鲜活易腐货物，托运人应出具有关部门的检疫证明。

（4）使用干冰作为冷冻的鲜活易腐货物，货运单货物品名栏内及货物外包装上应注明"干冰"字样以及干冰的净重，还应按照危险品运输的有关规定办理。

（5）在货运单储运注意事项栏内应注明"鲜活易腐货物"字样及运输中应注意的事项。

（6）需特殊照料的鲜活易腐货物，应由托运人提供必要的设施，必要时由托运人派人押运。

3. 包装要求

（1）鲜活易腐货物的包装应适合货物的特性，确保货物在运输过程中不致破损或有液体渗漏而污染飞机、设备旅客行李、邮件及其他货物。每件货物的外包装上应贴有"鲜活易腐货物"的标签，写明收、发货人的姓名、地址、电话号码以及储运注意事项，如"冷藏""冷冻"等。

（2）用于鲜活易腐货物的包装材料有：

①聚苯乙烯泡沫材料、泡沫箱。

②瓦楞纸箱。

③涂蜡的纸板箱。

④木桶、木箱、板条箱。

⑤聚乙烯布、袋。

⑥塑料箱、金属罐。

⑦吸附材料。

（五）灵柩及骨灰的运输

1. 骨灰运输

（1）骨灰应装在封口的塑料袋或其他密封容器内，外加木盒，最外层用布包装。

（2）骨灰可在客货班机上运送并装在货舱内。

（3）如旅客要求随身携带，可作为随身携带物品处理，由旅客自行照管，免收运费。旅客只可随身携带一个骨灰盒，超过者作为货物托运。

（4）作为货物托运的骨灰，按普通货物运价收费。

2. 灵柩运输

（1）一般规定。

①国内运输灵柩必须有国家民委或中国伊斯兰协会出具的同意运输的有关证明文件，无此文件的灵柩概不承运。

②托运人还须提供县级以上医院出具的死亡证明、殡仪馆出具的入殓证明、防腐证明和卫生防疫部门出具的准运证明。非正常死亡的灵柩，除应有上述证明文件外，还须有县级以上公安部门出具的准运证明或法医证明。

③灵柩内必须是非传染性疾病死亡的尸体。

④尸体经过防腐处理，并在防腐期内。

⑤尸体以木质棺材为内包装外加铁皮箱，最外层加木制棺材，棺材上应有便于装卸的环扣。棺内铺设木屑或木炭等吸附材料。棺材应当钉牢、焊封无漏缝，确保气味及液体不致外漏。

⑥除死者遗物外，灵柩不能与其他货物使用同一份货运单托运。

⑦托运人必须预先向承运人定妥航班日期、吨位。

⑧每一灵柩的最低计费重量为250kg。

（2）储运注意事项。

托运人应在航班离港前，按约定的时间将灵柩送到机场办理托运手续并负责通知收货人到目的站机场等候提取。

①灵柩必须在旅客登机前装机，在旅客下机后卸机。

②灵柩不能与动物、鲜活易腐物品、食品装在同一集装器内。

③散装时，灵柩不能与动物装在同一货舱内，分别装有灵柩和动物的集装器，装机时中间至少应有一个集装器间隔。

④灵柩的上面不能装木箱、铁箱以及单件重量较大的货物。如需要在灵柩上面装货时，灵柩的表面与货物之间应使用塑料布或其他软材料间隔，以防损坏灵柩。

⑤航班到港后，承运人应电报通知目的站及其他有关航站。

⑥必要时，运送过灵柩的飞机或设备应请机务和医务人员消毒。

⑦装机前或卸机后，灵柩应停放在僻静地点。如条件允许，应加盖苫布，并与其他货物分开存放。

⑧以包机方式承运的应按照有关规定办理包机运输手续，并填制货运单作为运凭证。

⑨包机应选择最短航程的路线飞行，并尽量减少中途停站。

（六）急件运输

1. 相关概念

急件运输是指托运人要求以最早航班或限定时间运达目的地并经承运人同意受理的一种运输形式。

急件货物是指外交信袋、电视片、录像带、稿件、样品、展品、急救药品、鲜活易腐品及其他要求急运的物品。

2. 运输要求

承运的急件货物最迟应在 3 日内运到目的站。托运人未要求按急件运输时应按接收货物先后顺序组织运输,并应最迟在 7 天内运到目的站,不得积压。

3. 急件的航班安排

办理急件运输应以直达航班为主,严格控制联程运输。直达航班的承运数量,视运力情况而定。联程的急件运输始发站应充分考虑中转站的航班班次、机型。始发站对中转站的每个航班,大型机以 50 千克为限,小型机以 20 千克为限,超过限量需预先订吨位,经中转站同意方可承运。

4. 急件的运输时限

承运急件运输及其他有时限要求的货物首先要考虑货物的运输期限是否在民航期之内,运力能否保证按期运达。货运单应准确写明收货人名称、地址、电话以便到达站及时通知提货。货运单储运事项栏内应加盖"急件"印章,并应在货物上加贴急件标签。

5. 办理急件货物运输的手续

所有急件货物除非发、运双方事先申明或商定外,一般都应在航班起飞当日按双方约定时间在机场办理托运手续。

6. 急件的运价

急件运输的运费按普通货物运价的 150% 计收。由于承运人原因造成运输延误时,承运人应按双方协议交付违约金。因天气或不可抗拒的原因造成货物逾期运到,可免除承运人的责任。

(七)押运货物运输

1. 定义

根据货物的性质,在运输过程中需要专门照料、监护的货物,并由托运人派人押运的货物称为押运货物。

2. 押运货物种类

(1)需要沿途饲喂、供水、浇水、保温等的鲜活动植物,如家畜、鱼苗、新生家禽、花卉及树苗等(不需要照料者除外)。

(2)机密性强和价值很高的货物,如重要文件档案材料、保密产品和珍贵文物等。

(3) 需要采取特殊防护措施和看管，以确保运输安全的货物，如凶猛动物、成批货物和证券以及包机运输的玻璃品等。

(4) 必须专人照料和护送的其他货物。

(5) 托运人认为需要派人照料和护送的货物。

3. 收运要求

(1) 托运人托运押运货物之前应订妥全程航班、日期、舱位。

(2) 托运人应在航班起飞当天按双方约定的时间在机场办理托运手续。

(3) 押运员应按普通旅客要求购买客票和办理乘机手续。在货运单储运注意事项栏注明押运日期、航班号、客票号码和"押运货物"字样。

(4) 承运人应按货运单上所注明的航班、日期安排押运货物发运。特殊情况下如需变更，必须经押运员同意。

(5) 各运输环节应随时保持与押运员的联系。

（八）作为货物运输的行李运输

作为货物运输的行李又称无人押运行李。

1. 注意事项

(1) 旅客必须持有定期客票，并在乘机前办妥交运手续。

(2) 凡作为货物运送的行李，只能在旅客客票中所列地点的机场之间运输。

(3) 作为货物运送的行李，仅限于旅客本人的衣服和与旅行有关的私人物品。包括手提打字机、小型乐器、小型体育用品，但不包括机器、机器零件、货币、证券、珠宝、手表、餐具、镀金属器皿、毛皮、影片或胶卷、照相机、票证、文件、酒类、香水、家具、商品和销售样品。

2. 填制货运单的注意事项

在货运单"货物品名及数量"栏内填写"无人押运行李"字样，同时注明旅客的客票号码、航班日期和航班。

3. 押运员客票

在客票"签注"栏内应注明 unbag 字样，并填入货运单号码、件数和重量。

4. 其他注意事项

(1) 如旅客要求将钥匙带往目的站，应请其装入自备的结实信封内，在信封上写明收货人和托运人的姓名地址，邮收运部门封妥后，随附在货运单上。货运单"储运注意事项"栏注明"key of unaccompanied baggage"字样。

（2）旅客必须自行办妥海关手续和支付应付的费用。作为货物运输的行李，不办理运费到付，到达目的地后的一切费用亦应由旅客本人负担。

（3）作为货物运送的行李不得计算在免费行李额内。

（4）在运输过程中，为了便于识别旅客交运的行李和作为货物运送的行李，在作为货物运送的行李上应加上"货物"标签。

二、邮件运输

邮件是指邮局交给民航运输的邮政物件，其中包括信函、印刷品、包裹、报纸和杂志等。邮件运输是航空货物运输的重要组成部分，故应按照航班计划，安全、迅速、准确地组织运输。

（一）邮件运输的一般规定

1. 邮件运输的承运范围

（1）承运人接受邮政部门交运的国内和国际航空邮件。

（2）为了保证飞行安全，除双方协议另有规定外，邮政部门不得收寄和交运危险物品或承运人禁止运输的物品。邮件必须进行安全检查。

2. 航班时刻和运送路线

（1）承运人将班期时刻、运价等资料按时提供给当地邮政部门，如遇班期时刻临时变更或加班等情况，应及时通知邮政部门。

（2）货运人员应将载运邮件的航班起飞时间和到达时间及时通知邮政部门，以便邮政部门按时交接邮件。

3. 预留吨位

（1）货运配载部门与邮政部门协商，在有关航班上预留一定的吨位，用以载运邮件。在预留吨位数量以内的邮件，应保证当班飞机清运；超过预留吨位的邮件，应优于普通货物尽量清运。

（2）如因气候等特殊原因造成飞机载量减少而需要拉卸邮件时，必须经值班领导批准并通知邮政部门。

（二）承运人的责任范围

（1）承运人运输邮件，仅对邮政企业承担责任。

（2）在承运邮件之后、交付邮件之前，由于承运人原因造成邮件遗失、损毁或失窃时应按中国民航局与国家邮政局的有关规定负责赔偿。但对保价邮件不负保价责任，而按普通邮件赔偿。

（3）因不可抗力（如自然灾害等）原因造成邮件损失或损毁时，承运人不负赔偿责任。

（4）邮件发生遗失、损毁及失窃事故，应尽快查明责任。如属于承运人责任事故，应由邮政部门书面提出损失情况及应补偿金额，由承运人将赔偿金交给邮政部门。非经济性的补偿由承运人出具证明，请邮政部门自行办理补偿手续。

（三）邮件承运程序

（1）邮政部门应按约定时间将邮件送到机场由承运人及代理人进行安全检查和复磅工作。

（2）国际邮件运输应请邮政部门自行办理海关手续并经海关在国际航空邮件路单上签章放行后方可承运。

（3）邮政部门交运邮件时，应按航线和目的站分堆点交。同时应当按种类用完好的航空邮袋封袋（用非航空邮袋封袋时，要加挂"航空"标牌），不得散装或用绳索捆扎交运。

（4）承运人应按航空邮件路单上所登记的内容逐项进行核对和检查。

（5）检查每个邮袋的外部情况：袋身有无破损，袋身破损处有无人工缝补，袋口手绳是否松动和绳子有无折断接头，签字字迹是否清楚和有无撬动痕迹，内物有无散碎或渗漏现象等。

（6）检查无误后方可在总路单上签收。对于不符合承运条件的邮袋，应请邮局取回。

（7）承运人应认真交接邮政部门交来的各类路单，并填入货邮舱单，随邮件送往目的站。

（四）邮件运输运费的规定

（1）国内航空邮件中普通邮件按国内普通货物基础运价计收，特快专递按运价的 150% 计收。

(2) 国际航空邮件按照国际普通货物运价（45kg 以上）计收。

第二节　货物不正常运输及处理方式

一、货物的不正常运输情况

（一）多收货物或少收货物

1. 多收货物

（1）定义。

多收货物是指卸机站收到未在货邮舱单上登录的货物或者实际收到的货物件数多于货邮舱单或货运单上登录的件数。

（2）处理方法。

在货邮舱单上注明，拍发查询电报，将多收货物的详细情况通知有关航站。

①货物目的站为本航站时，索要货运单。

②货物目的站非本航站时拍发查询电报，将多收货物的详细情况通知有关航站，征求装机站的处理意见并按装机站的要求将货物继续运输或者退回装机站。

③多收既有货物，又有货运单，但未在货邮舱单上显示的货物，应将货运单号码物件数、始发站、目的站等信息登录在货邮舱单上，同时通知有关航站。

④其他航站多收本航站运出的货物。收到其他航站的多收货物电报时，应尽快查明原因，将处理决定通知多收货物的航站。

2. 少收货物

（1）定义。

少收货物是指卸机站未收到已在货邮舱单上登录的货物，或者收到货物的件数少于货邮舱单上显示的件数。

（2）处理方法。

在货邮舱单上注明不正常情况，拍发查询电报，将少收货物的详细情况通知有关航站。

①如果本航站为货物中转站经证实少收的货物已经由其他航班运至目的站，则将货运单和收到的货物运至目的站，并在货邮舱单或货运单上注明货物不正常运输情况，将有关信息通知相关航站。

②如果货物信息已在货邮舱单上显示，但是既未收到货物又未收到货运单时，应在货邮舱单上注明"无单无货"，并发报通知有关航站。

③经过查询，航班到达后 4 日内仍然没有结果，将查询情况报告以下部门：始发站和经停站货运部门、本航站货运主管领导以及其他有关航站的货运部门。

④自航班到达之日起满 30 日仍无结果，按货物丢失处理。

⑤少收贵重物品、外交信袋或其他特种货物时，除按一般程序处理外，还应立即向上级报告。

（二）货物漏装、漏卸及错卸

1. 货物漏装

（1）定义。

货物漏装是在航班起飞后，装机站发现应当装机的全部或部分，货物未装上飞机，但货运单和货邮舱单已随飞机带走。

（2）处理方法。

①立即通知货物的卸机站和目的站，说明漏装货物的货运单号码、件数、重量、始发站、目的站、续运的航班日期。

②修改货邮舱单存查联，注明货物漏装情况。

③使用货运单复印件或代货运单将漏装货物安排在原承运人的最早航班上运出，并在货邮舱单和货运单复印件上注明不正常运输情况。

2. 货物漏卸

（1）定义。

货物漏卸是指卸机站未按照货邮舱单卸下该航站应卸下的货物。

（2）处理方法。

①漏卸货物的航站发现货物漏卸后，应立即向有关航站拍发查询

电报。

②收到货物的航站，应立即通知漏卸航站、装机站，使用代货运单将漏卸货物尽快退运至漏卸航站或直接运至目的站。同时在货邮舱单和代货运单上注明货物不正常运输情况。

3. 货物错卸

（1）定义。

货物错卸是指经停站由于工作疏忽和不慎而将其他站的货物卸下。

（2）处理办法。

①立即电告货物应卸站（可能是目的站亦可能是经停站）和有关站并抄送始发站。

②需特殊照料的货物，错卸站应采取相应措施加以保管，以免货物受损。

③如果错卸的是国际货物，应通知当地海关作相应处理。

④应尽快安排错卸货物续运至目的站或原卸机站。续运错卸货物时应随附相关电文复印件和货运单。如无原始货运单，国际运输应立即通知始发站或下一航站（并传真货运单），国内运输应采取货（邮）运代单。错卸货物应显示在续运航班货邮舱单上。

（三）货物错运或丢失

1. 货物错运

（1）定义。

货物错运是指装机站在货物装机时将不是该航班的货物装上该航班，致使货物错运。

（2）处理方法。

①装机站如果确认货物被错运到某航站时，应立即打电话或拍发电报将错运货物的货运单号码、件数等相关内容以及处理办法通知有关航站。

②收到货物的航站，应立即通知装机站。根据装机站要求，将货物退回或继续运输，并在货邮舱单和代货运单上注明货物不正常运输情况。

③装机站如果不能确认货物被错运到何处，应拍发泛查电报向各有关航站查询。

2. 货物丢失

（1）定义。

货物在承运人掌管期间部分或全部下落不明满 30 日，可以认定为货物丢失。

（2）处理方法。

①如果托运人或收货人提出索赔，可以按规定赔偿。赔偿前应与索赔人商定丢失货物找到后的处理办法，并签订书面协议。

②发现贵重物品、武器弹药、危险物品、外交信袋下落不明时应立即上报。

③已赔偿的丢失货物找到后应及时与索赔人联系，按双方商定的意见处理。

（四）货物破损

（1）定义。

货物破损是指货物的外包装损坏、变形或受潮，致使包装内的货物可能或已经遭受损失。

（2）处理方法。

①货物收运后，如发现包装轻微破损，应在修复货物包装后发运。破损严重的，应与托运人联系处理。

②中转站发现货物破损，应填制货物不正常运输记录并在中转舱单上注明破损情况同时拍发电报通知有关航站。货物不正常运输记录的其中一份应随附在货运单后面，修复包装或重新包装货物后继续运输。

③目的站发现货物破损，应填制货物不正常运输记录，并通知有关航站。

（五）货物错贴（挂）标签或无标签

1. 货物错贴（挂）标签

（1）定义。

货物错贴（挂）标签是指运输标签上的货运单号码、件数、目的站等内容与货运单不符。

(2) 处理方法。

①在始发站，根据货运单更换运输标签。

②在中转站或目的站，核对货运单和货物外包装上的收货人，复查货物重量，如果内容相符，更换运输标签，并拍发电报通知始发站。如果内容不相符，立即拍发电报通知始发站，并详细描述货物的包装、外形尺寸、特征等，征求处理意见。

③错贴（挂）运输标签的航站收到电报后，应立即查明原因，并答复处理办法。

2. 货物无标签

(1) 定义。

货物无标签是指货物的外包装上没有运输标签。

(2) 处理方法。

①将货物的包装外形特征等基本情况通知装机站和其他有关航站。根据装机站或其他航站提供的线索，核对货物外包装上的货物标记与货运单的内容是否相符。如果相符，补贴（挂）运输标签后按正常货物继续运输。

②如果货物标记与货运单不相符，检查随附的有关文件、资料，必要时开箱检查。可以确定的补贴（挂）运输标签按正常货物运输；仍然不能确定的，在货物外包装上贴（挂）不正常货物标签将货物存放在指定位置，按无法交付货物进行处理。

(六) 货物品名或重量不符

1. 货物品名不符

(1) 定义。

货物品名不符是指实际运输的货物与运单上申报的货物品名不相符。

(2) 处理方法。

①对货物中夹带禁止运输物品的处理。航站一旦发现夹带禁止运输物品，应立即停止运输，采取严格保管措施，不得退运或续运。

②对货物中夹带限制运输物品的处理如下：

A. 在始发站暂停发运，通知托运人或代理人。向托运人或代理人收取不低于整票货物应付运费总额的违约金及运费差额，由托运人或代理人自行办妥政府规定的手续后，使用原货运单继续运输。

B. 在中转站暂停运输。通知始发站向托运人或代理人收取不低于应付运费总额的违约金及运费差额，由托运人或代理人自行办理政府有关部门规定的手续。

C. 在目的站，暂停交付。向收货人收取不低于应付全程运费总额的违约金及运费差额。

D. 收取违约金不影响其他费用的计收。

E. 对于同时夹带禁止运输物品和限制运输物品的，按照夹带禁止运输物品处理；对于将高运价货物品名伪报为低运价货物品名的，按本条规定处理。

F. 属于代理人收运的货物，如果销售代理协议中另有约定的，还应按照销售代理协议进行处理。

③其他货物品名不符情况的处理如下：

A. 在始发站暂停运输货物，通知托运人或代理人。如托运人或代理人要求退运，原运费不退，另向其收取不高于货物运费总额的违约金及退运手续费，按规定办理货物交付；如托运人或代理人要求继续运输，另向其收取不高于货物运费总额的违约金后按新的货物品名以相应运价算，重新核收运费，重新填开货运单，原货运单作废，原运费退还托运人。

B. 在中转站暂停运输货物通知始发站。始发站向托运人或代理人另收取不高于货物运费总额的违约金及运费差额后通知中转站继续运输货物。

C. 如果托运人或收货人要求在中转站提取货物，应在始发站或中转站缴纳违约金及运费差额，按规定进行交付，剩余航段运费不退。

D. 在目的站暂停交付，向收货人另收取不高于货物运费总额的违约金及运费差额后，由收货人提取货物；如果收货人要求退回始发站，目的站应核收违约金、运费差额及程运费。如果托运人要求退回始发站，始发站应核收违约金、运费差额及回程运费。

E. 对于货物品名填写为能够包含货物具体名称，属于同一类性质的泛指商品名称的，可以减轻或免除违约金。

F. 收取违约金不影响其他费用的计收。

G. 属于代理人收运的货物，如果销售代理协议中另有约定的，还应按照销售代理协议处理。

2. 货物重量不符

（1）定义。

货物重量不符是指交运的货物重量（如实际重量和计费重量）与货运单上货物毛重栏和计费重量栏内显示的重量不一致。

（2）处理方法。

①由于承运人原因造成的货物重量不符，运费多退少补。

②由于托运人原因造成货物毛重小于货物实际毛重或计费重量小于货物体积重的，按如下规定处理：

A. 在始发站按照公布的运价或等级运价补收重量差额部分运费，并按照相规定处理。

B. 在中转站暂停货物运输，通知始发站。始发站得到中转站关于货物重量不符的信息后，应尽快查明原因。收取运费差额后，尽快通知中转站继续运输货物。对于有运输时限要求的货物（如紧急航材、救灾、急救物资、活体动物、灵柩、鲜活易腐、放射性同位素、疫苗、需要冷藏冷冻的货物等），中转站在通知始发站和目的站后可以继续运输。

C. 在目的站向收货人补收差额部分的运费，并按规定处理后交付货物。交付货物后应尽快通知始发站；也可以暂停交付通知始发站，由始发站收取运费差额后再行交付货物。

二、货物运输变更

变更运输是指在航空货物运输中由于种种原因导致货物改变收货人、订妥航班、运输路线等货物信息。变更运输可以分为自愿变更和非自愿变更。

（一）自愿变更

1. 定义

自愿变更是指由于托运人的原因或者由于托运人的原因致使承运人改变运输的部分或全部内容。

2. 时限

自货物托运后至收货人要求提取前,托运人在履行航空货物运输合同所规定的义务的条件下,享有对货物的处置权,可以对货物行使变更运输的权利。

3. 自愿变更的条件要求

(1) 自愿变更运输仅适用于一份航空货运单上的全部货物。

(2) 托运人行使变更运输权利不能违反政府的有关规定,也不应损害承运人或者承运人对之负责的其他人的利益。因托运人行使变更权利给承运人或者承运人对之负责的其他人造成损失的,托运人应承担责任。

(3) 自愿变更运输只能在原办理货物托运手续的地点办理。

(4) 托运人提出变更运输时应出具书面变更要求、航空货运单托运人联和个人有效身份证件以及其他相关证明文件。

(5) 货物收运后,托运人要求变更运输时,货物品名和运输声明价值不得变更。

4. 托运人变更的权限

(1) 发运前退运。

(2) 在经停站变更。

(3) 变更目的站。

(4) 退回始发站。

(5) 变更收货人(变更后的收货人即为航空货运单所指定的收货人)。

5. 自愿变更运输的处理

(1) 发运前退运的处理。

①向托运人收回货运单正本。

②填开退款单,扣除地面运输费、退运手续费、保险费、声明价值附加费等费用。

③将扣除后所余金额,连同退款单的托运人联一并交给托运人。

(2) 中途站停运的处理。

①中途站在货运单上注明"中途停运"字样和停运日期,按照始发站要求对货物做出相应处理,将处理情况通知始发站。

②始发站收取已发航段的运费,剩余运费退还托运人。如货物因绕道

运输,已使用航段的运费超过已收货物的运费,则不再退还运费。

(3) 变更目的站的处理。

①发运前的变更向托运人收回货运单托运人联,将原货运单各联作废,按退运处理,免收手续费;并按变更后的目的站填制新的货运单。

②发运后的变更,始发站根据变更后的目的站重新计算运费,差额多退少补,货物原中途站或目的站根据始发站的通知在货运单上注明"根据×××站函电要求变更至×××站"的字样及执行日期和改运地点等,将变更后的货运单随货物运至变更后的目的站。

(4) 退回始发站的处理。

①由目的站将货物退回始发站,始发站向托运人收取回程航段的运费。

②中途站或目的站根据始发站的通知在货运单上注明"根据×××站函电要求退回始发站"的字样及执行日期和改运地点等,将原货运单留存,重新填制货运单,将原货运单其中一联和始发站的变更通知连同新填制的货运单托运人联和财务联一起交财务部门。

③退回始发站的货物一般由原承运人运输。

(5) 变更收货人的处理。

①发运前变更。在货运单上将原收货人划去,在旁边空白处书写变更后的收货人名称,并在涂改处加盖业务章和私章(或全称签名);

②发运后变更。目的站变更收货人,必须凭始发站的详细更改要求方可办理,包括详细更改电报或其他详细的书面文件。

(二) 非自愿变更

1. 定义

非自愿变更是指由于不可预见、不可抗可抗力或承运人原因产生的货物运输变更发生非自愿变更运输时,承运人应当及时通知托运人或收货人,商定处理办法。

2. 非自愿变更的原因

(1) 天气原因、机械故障机场关闭、禁运等。

(2) 航班取消、机型调整。

(3) 因货物积压或超出机型载运能力,短期内无法按指定路线、指定承运人或指定运输方式运至目的站。

3. 变更内容

(1) 变更航线、航班、日期。

(2) 变更承运人。

(3) 变更运输方式。

(4) 发运前退运。

(5) 经停站变更。

(6) 自经停站将货物退回始发站。

(7) 变更目的站。

4. 变更的权利

(1) 制单承运人、第一承运人有权变更运输。

(2) 航空货运单上指定的航段承运人有权变更运输。

(3) 航空货运单上续程航段无指定承运人时，持有货物和航空货运单的承运人有权变更运输。

5. 注意事项

(1) 因机场关闭、航班中断无法将货物运达目的站时，应尽快通知始发站或托运人。

(2) 订舱货物需要变更运输时，应征求始发站或托运人的意见。

(3) 执行变更运输后，应乘最早航班将货物运输至目的站。

6. 费用处理

由于承运人责任原因造成的货物运输变更，有关费用按下列规定处理：

(1) 因变更运输路线将货物运至目的站产生的费用由承运人承担。

(2) 改用其他运输方式将货物运至目的站，产生的费用差额由承运人承担。

(3) 发运前退运货物，退还全部运费，免收退运手续费。

(4) 经停站变更，退还未使用航段的运费。

(5) 在经停站将货物退回始发站，经停站在货邮舱单和原航空货运单"储运注意项"栏内注明情况，使用原航空货运单免费将货物退回，并退还已付的全部运费。

(6) 变更目的站，退还未使用航段的运费，另核收由变更站至新目的站的运费。

三、无法交付货物

（一）无法交付货物的定义

有下列情形之一称为无法交付货物：

(1) 货物到达后满60日仍无人提取，且始发站和托运人始终没有提出处理意见的货物。

(2) 收货人拒绝提取或者拒绝支付应付费用的货物。

(3) 按照货运单所列联系方式无法通知到收货人的货物。

(4) 托运人或收货人声明放弃的货物。

（二）无法交付货物的处理

(1) 通知始发站，由始发站通知托运人征求处理意见，并根据托运人的意见对货物进行处理。目的站得到始发站的答复后，按始发站意见处理。

(2) 如果托运人要求将货物退回始发站变更目的站、变更收货人按自愿变更运输处理。如果托运人或收货人声明放弃货物必须出具书面声明，同时必须符合政府规定。

(3) 到达后满60日仍然无法交付的货物，可根据国家法律和规定处置货物。

(4) 如活体动物到达目的站后满24h（以航班落地时间为准，以下同）仍然无法交付，经始发站同意后目的站可以将货物退回始发站处理。在此期间，动物发生死亡的，经当地货运主管领导同意后可随时予以销毁，销毁后及时通知始发站。如果当地公安、卫生防疫、检验检疫等政府部门另有要求的，应按政府规定办理。

(5) 冰鲜肉类食品水产品、蔬菜水果、鲜花等植物类货物以及含有鲜活易腐物质成分的食品类货物，到达目的站后满48h仍然无法交付，经始发站同意后，目的站可以将货物退回始发站处理。在此期间货物发生腐烂变质的，经当地货运主管领导同意后，可随时予以销毁，销毁后及时通知始发站。如果当地公安、卫生防疫、检验检疫等政府部门另有要求的，应按政府规定办理。

四、货物运输责任与赔偿

（一）货物运输相关人的责任

1. 承运人责任

承运人自货物收运时起，到交付时止，承担安全运输的责任。在航空运输期间发生的货物损失，承运人应承担责任。但国家法律和规定以及承运人另有规定的除外。

航空运输期间是指在机场内、民用航空器上或者机场外降落的任何地点，托运货物处于承运人掌管之下的全部时间。航空运输期间不包括机场外的任何陆路运输、海上运输、内河运输过程。但是此种陆路运输、海上运输、内河运输是为了履行航空运输合同而实施，在没有相反证据的情况下所发生的损失视为在航空运输期间发生的损失。在运输过程中，货物延误的责任应当由承运人承担，但承运人及其代理人能够证明已采取一切必要措施或不可能采取此种措施的，承运人不对因延误引起的损失承担责任。

2. 托运人责任

（1）托运人应当对货运单上所填写的关于货物的说明和声明的正确性负责。因货运单上所填写的说明和声明不符合规定、不正确或者不完全，给承运人或者承运人对之负责的其他人造成的损失，托运人应当承担赔偿责任。

（2）托运人应当提供必需的资料和文件，以便在货物交付收货人前完成法律、行政法规所规定的有关手续。因没有此种资料和文件，或者此种资料和文件不充足或者不符合规定造成的损失，除由于承运人或者其受雇人、代理人的过错造成的外，托运人应当对承运人承担责任。除法律、行政法规另有规定外，承运人没有对这些资料和文件进行检查的义务。

（二）货物运输变更的赔偿

1. 赔偿责任限额

（1）托运人未办理货物声明价值，承运人根据的最高赔偿限额（通常为毛重每千克 100 元人民币）进行赔偿；如果能够证明货物的实际损失低于承运人的最高赔偿限额则按实际损失赔偿。

（2）托运人办理了货物声明价值，并支付了声明价值附加费的，其声明价值为赔偿限额；如果能够证明托运人的声明价值高于货物的实际价值时按实际价值赔偿。

（3）航空保险赔偿条例如下：

①如果承运人的飞机及其所承运的货物已在保险公司加入了航空保险，在货物全部或部分损失的情况下，保险公司赔偿保额以外的部分的损失，其中货物免赔额为 10000 美元。

②如果托运人为货物单独购买了保险索赔人应向保险公司索赔，由保险公司对索赔人进行赔偿，承运人对其索赔不予受理。如果保险公司理赔后，可由保险公司向承运人提出追偿，承运人应要求保险公司提供托运人购买的保险单、托运人给保险公司的索赔函、保险公司赔付给索赔人的收据和权益转让书。

2. 赔偿款的支付

（1）货物赔偿处理报告经审批后，随附所有调查材料，报财务部门划拨赔偿款。

（2）通知索赔人办理赔偿手续。如果不能全额赔偿的，应向索赔人书面说明原因和法律依据。

（3）索赔人签署责任解除书后向索赔人支付赔偿款。责任解除书一式三份：一份交索赔人；一份交财务部门；一份主办单位留存。

3. 诉讼时限

（1）收货人收受货物而未提出异议为货物已经完好交付并与运输凭证相符的初步证据。

（2）托运货物发生损失的，收货人应当在发现损失后 14 日内向承运人提出异议。货物发生延误的，至迟应当自货物交付收货人处理之日起 21 日内提出。

（3）承运人承认货物已经遗失，或者货物在应当到达之日起 7 日后仍未到达的，收货人有权自航空货运单填开之日起 120 日内向承运人索赔。

（4）任何异议均应当在前款规定的期间内写在运输凭证上或者另以书面形式提出。

（5）除承运人有欺诈行为外收货人未在规定的期间内提出异议的，不能向承运人提出索赔诉讼；

（6）航空运输的诉讼时效期间为两年，自民用航空器到达目的地点、应当到达目的地点或者运输终止之日起计算。

本章练习题

1. 简述什么是特种货物。

2. 特种货物分别有哪些种类？

附录一 国内主要城市机场三字代码

省（区、市）	三字代码	机场所在地	机场名称
黑龙江省	HRB	哈尔滨市	太平国际机场
	NDG	齐齐哈尔市	三家子机场
	MDG	牡丹江市	海浪机场
	JMU	佳木斯市	东郊机场
	HEK	黑河市	黑河国际机场
	YLN	依兰县	依兰机场
	DQA	大庆市	萨尔图机场
吉林省	CGQ	长春市	龙嘉国际机场
	YNJ	延吉市	朝阳川国际机场
	JIL	吉林市	二台子机场
	TNH	通化市	通化机场
辽宁省	DLC	大连市	周水子国际机场
	SHE	沈阳市	桃仙国际机场
	SHE	沈阳市	东塔机场
	CHG	朝阳市	朝阳机场
	JNZ	锦州市	小岭子机场
	DDG	丹东市	浪头国际机场
	IOB	鞍山市	鞍山机场
	CNI	长海县	大长山岛机场
	XEN	兴城市	兴城机场

续表:附录一

省（区、市）	三字代码	机场所在地	机场名称
河北省	SHP	秦皇岛市	秦皇岛机场
	SHF	山海关区	山海关机场
	SJW	石家庄市	正定国际机场
	HDG	邯郸市	邯郸机场
河南省	CGO	郑州市	新郑国际机场
	LYA	洛阳市	北郊机场
	NNY	南阳市	姜营机场
	AYN	安阳市	安阳机场
山西省	TYN	太原市	武宿国际机场
	DAT	大同市	怀仁机场
	CIH	长治市	王村机场
山东省	TNA	济南市	遥墙国际机场
	WEH	威海市	大水泊机场
	TAO	青岛市	流亭国际机场
	WEF	潍坊市	文登机场
	YNT	烟台市	莱山机场
	LYI	临沂市	临沂机场
	TNB	济宁市	济宁机场
	DOY	东营市	永安机场
湖北省	WUH	武汉市	天河国际机场
	SHS	荆州市	沙市机场
	XFN	襄阳市	刘集机场
	YIH	宜昌市	三峡机场
	ENH	恩施市	许家坪机场

续表:附录一

省（区、市）	三字代码	机场所在地	机场名称
湖南省	DYG	张家界市	荷花机场
	CSX	长沙市	黄花国际机场
	CGD	常德市	桃花源机场
	HNY	衡阳市	衡阳机场
	HJJ	芷江县	芷江机场
	LLF	永州市	零陵机场
江西省	KHN	南昌市	昌北国际机场
	JIU	九江市	庐山机场
	JDZ	景德镇市	罗家机场
	KOW	赣州市	黄金机场
	JGS	井冈山市	井冈山机场
安徽省	TXN	黄山市	屯溪机场
	HFE	合肥市	骆岗机场
	AGG	安庆市	大龙山机场
	FUG	阜阳市	西关机场
	BFU	蚌埠市	蚌埠机场
浙江省	HGH	杭州市	萧山国际机场
	HSN	舟山市	普陀山机场
	NGB	宁波市	栎社国际机场
	WNZ	温州市	永强机场
	YIW	义乌市	义乌机场
	HYN	台州市	路桥机场
	JUZ	衢州市	衢州机场

续表：附录一

省（区、市）	三字代码	机场所在地	机场名称
江苏省	NKG	南京市	禄口国际机场
	WUX	无锡市	无锡机场
	XUZ	徐州市	观音机场
	LYG	连云港市	白塔埠机场
	YHZ	盐城市	盐城机场
	CZX	常州市	奔牛机场
	NTG	南通市	兴东机场
广东省	CAN	广州市	白云国际机场
	MXZ	梅州市	梅州机场
	ZUH	珠海市	三灶机场
	SWA	汕头市	外砂机场
	SZX	深圳市	宝安国际机场
广东省	ZHA	湛江市	湛江机场
	SHG	韶关市	韶关机场
	XIN	兴宁市	兴宁机场
福建省	WUS	武夷山市	武夷山机场
	XMN	厦门市	高崎国际机场
	FOC	福州市	长乐国际机场
	JIN	晋江市	泉州机场
	LCX	连城县	连城机场
海南省	HAK	海口市	美兰国际机场
	SYX	三亚市	凤凰国际机场

续表：附录一

省（区、市）	三字代码	机场所在地	机场名称
四川省	CTU	成都市	双流国际机场
	MIG	绵阳市	南郊机场
	YBP	宜宾市	莱坝机场
	LZO	泸州市	蓝田机场
	DAX	达州市	河市机场
	XTC	西昌市	青山机场
	NAO	南充市	都尉坝机场
	GHN	广汉市	广汉机场
	JZH	松潘县	九寨沟黄龙机场
	PZI	攀枝花市	保安营机场
贵州省	TEN	铜仁市	大兴机场
	KWE	贵阳市	龙洞堡国际机场
	ZYI	遵义市	遵义机场
	ACX	兴义市	兴义机场
	HZH	黎平县	黎平机场
	AVA	安顺市	黄果树机场
陕西省	SIA	西安市	西关机场
	XIY	咸阳市	咸阳国际机场
	ENY	延安市	二十里铺机场
	AKA	安康市	五里铺机场
	UYN	榆林市	西沙机场
	HZG	汉中市	汉中西关机场
甘肃省	LHW	兰州市	中川机场
	DNH	敦煌市	敦煌机场
	JGN	嘉峪关市	嘉峪关机场
	IQN	庆阳市	西峰镇机场
	CHW	酒泉市	酒泉机场
青海省	XNN	西宁市	曹家堡机场
	GQQ	格尔木市	格尔木机场

续表：附录一

省（区、市）	三字代码	机场所在地	机场名称
云南省	KMG	昆明市	巫家坝国际机场
	LJG	丽江市	丽江机场
	JHG	西双版纳州	景洪机场
	LNJ	临沧市	临沧机场
	DLU	大理市	大理机场
	LUM	芒市	芒市机场
	DIG	迪庆州	迪庆机场
	SYM	普洱市	普洱机场
	ZAT	昭通市	昭通机场
	BSD	保山市	保山机场
	YUA	元谋县	元谋机场
广西壮族自治区	NNG	南宁市	吴圩机场
	KWL	桂林市	两江国际机场
	BHY	北海市	福城机场
	LZH	柳州市	白莲机场
	YUZ	梧州市	长洲岛机场
宁夏回族自治区	INC	银川市	河东机场
	GYU	固原市	固原六盘山机场
	ZHY	中卫市	中卫香山机场

续表：附录一

省（区、市）	三字代码	机场所在地	机场名称
新疆维吾尔自治区	URC	乌鲁木齐市	地窝铺机场
	HTN	和田市	和田机场
	YIN	伊宁市	伊宁机场
	KRY	克拉玛依市	克拉玛依机场
	TCG	塔城市	塔城机场
	KHG	喀什市	喀什机场
	AAT	阿勒泰市	阿勒泰机场
	AKU	阿克苏市	温宿机场
	KRL	库尔勒市	库尔勒机场
	KCA	库车县	库车机场
	IQM	且末县	且末机场
	HMI	哈密市	哈密机场
	FYN	富蕴县	可可托海机场
内蒙古自治区	HET	呼和浩特市	白塔国际机场
	BAV	包头市	海兰泡机场
	HLH	乌兰浩特市	乌兰浩特机场
	HLD	海拉尔区	东山国际机场
	XTL	锡林浩特市	锡林浩特机场
	CIF	赤峰市	土城子机场
	TGO	通辽市	通辽机场
	NZH	满洲里市	西郊机场
	WUA	乌海市	乌海机场
西藏自治区	LXA	拉萨市	贡嘎机场
	BPX	昌都市	昌都邦达机场
重庆市	CKG	重庆市	江北机场
	WXN	万州区	万州机场
	BPX	梁平区	梁平机场
北京市	PEK	北京市	首都国际机场
	NAY	北京市	南苑机场

续表:附录一

省（区、市）	三字代码	机场所在地	机场名称
上海市	PVG	上海市	浦东国际机场
	SHA	上海市	虹桥国际机场
天津市	TSN	天津市	滨海国际机场
香港特区	HKG	香港地区	香港国际机场
澳门特区	MFM	澳门地区	澳门国际机场
台湾地区	TPE	台湾地区	桃园国际机场

附录二 代理人订座系统指令出错指引

ACTION 行动代码不正确

AIRLINE 航空公司代码不正确

AMOUNT 数量，通常指 FC、FN 中的票价输入不正确

AUTHORITY 权限

CASH COLLECTION（SCNY???.??） LOSTN 中缺少 SCNY 项

CHECK CONTINUITY 检查航段的连续性，使用@I，或增加地面运输航段

COMMISSION（C?.??）LOST FN 中缺少代理费率项

CONTACT ELEMENT MISSING 缺少联系组，将旅客的联系电话输入到 PNR 中

CURRENCY 货币代码不正确

DATE 输入的日期不正确

DEVICE 打票机序号不正确

DUP ID PNR 中某项重复，或缺少旅客标识

ELE NBR 序号不正确

FLT NUMBER 航班号不正确

FORMAT 输入格式不正确

ILLEGAL 不合法

INACTIVE 检查打票机各项状态

INFANT 缺少婴儿标识

INPUT 打票机的输入状态

INVALID CHAR 存在非法字符，或终端参数设置有误

ITINERARY DOES NOT MATCH FC　FC 与 PNR 中的航程不符

MANUAL　手工出票

MAX TIME FOR EOT – IGNORE PNR AND RESTART　建立了航段组，但未封口的时间超过 5 分钟，这时系统内部已经做了 IG，将座位还原，营业员应做 IG，并重新建立 PNR

NAME LENGTH　姓名超长或姓氏少于两个字符

NAMES　PNR 中缺少姓名项

NO DISPLAY　没有显示

NO NAME CHANGE FOR MU/Y　某航空公司不允许修改姓名

NO QUEUE　说明该部门此类信箱不存在

OFFICE　部门代号不正确

OUTPUT　打票机的输出状态

PENDING　表示有未完成的旅客订座 PNR，在退号前必须完成或放弃它

PLEASE SIGN IN FIRST　请先输入工作号，再进行查询

PLS INPUT FULL TICKET NUMBER　输入完整的票号，航空公司代码及十位票号

PLS NM1××××/××××××　姓名中应加斜线（/），或斜线数量不正确

PNR TKTD　该记录已出过票，取消 PNR 中的票号项

PROFILE PENDING　表示未处理完常旅客的订座，用指令 PSS：ALL 处理

PROT SET　工作号密码输入错误

PSGR ID　旅客标识不正确

Q TYPE　所要发送到的信箱的种类在目的部门中没有定义

Q EMPTY　信箱中此类信箱为空的，已处理完成，没有需要处理的内容

QUE PENDING　表示未处理完信箱中的 QUEUE，QDE 或 QNE

RL　记录编号不存在

SCH NBR　航线序号不符

SEATS　订座数与PNR中姓名数不一致，可RT检查当前的PNR

SEGMENT　航段

SIMULTANEOUS MODIFICATION—REENTER MODIFICATION　类似的修改，IG，并重新输入当前的修改

STOCK　票号不正确

TICKET PRINTER IN USE　表示未退出打票机的控制，退出后即可

TICKET STATUS ELEMENT MISSING　缺少票号组

TIME　输入时间不正确

UNABLE　不能

USER GRP　工作号级别输入错误

WORKING Q　表示营业员正在对某一种信箱进行处理，未处理完时，不能再处理另外一种Q。这时若要结束原来的处理，可以使用指令QDE或QNE，然后再QS：××

附录三 代理人订座系统部分指令英文全称

AI   AGENT IN

AM   ACKNOWLEDGE

AO   AEGNT OUT

AV   DISPLAY AVAILABILITY

CS   REARRANGE SEGMENT CONTINUITY

CT   CONTACT ELEMENT

DI   DEVICE INFORMATION DISPLAY

DQ   DUMP DEVICE QUEUE

DS   DISPLAY DATE SCHEDULE

DSG   DISPLAY SEGMENT INFORMATION DISPLAY

DZ   REQUEST DEMAND TICKET

EC   ESTABLISH CONTROL

EI   ENDORSEMENTS INFORMATION

ES   ENTER NEWLY CREATED SEGMENT INTO AN EXISTING PNR

FC   FARE CALCULATION

FF   FLIGHT INFORMATION

FN   FARE

FP   FORM OF PAYMENT

FV   DISPLAY FIRST AVAILABILITY

GI   GENERAL INFORMATION

GN   GROUP NAME ELEMENT AND GROUP ELEMENT

IG　IGNORE
ML　MULTISELECTION PASSENGER LIST
NM　NAME ELEMENT
OP　OPTION ELEMENT
OSI　OTHER SERVICE INFORMATION
PB　PAGE BACK
PF　PAGE FIRST
PG　CURRENT PAGE
PL　PAGE LAST
QB　QUEUE BACK
QD　QUEUE DELAY
QE　QUEUE ENTER
QN　QUEUE NEXT
QR　QUEUE REPEAT
QS　QUEUE START
QT　QUEUE TOTAL
RMK　REMARK ELEMENT
RT　RETRIEVAL OF PNR
SI　SIGN IN
SK　DISPLAY SCHEDULE TIMETABLE
SN　OPEN SEGMENT CREATION
SO　SIGN OUT
SP　SPLIT
SS　ACTIONABLE SEGMENT CREATION
SSR　SPECIAL SERVICE REQUIREMENT
TC　TOUR CODE
TE　TICKETING MODE/STATUS
TI　START TICKETING INPUT
TN　ENTER START/END TICKET NUMBERS
TO　START TICKETING OUTPUT

TSL　TICKETING SUMMARY REPORT
XE　CANCEL PNR ELEMENT
VT　VOID TICKET NUMBER
XC　RELEASE CONTROL
XI　STOP TICKETING INPUT
XN　SUPPLEMENTARY NAME

附录四　中国民用航空危险品运输管理规定

中国民用航空局令

第 216 号

《中国民用航空危险品运输管理规定》(CCAR-276-R1)已经 2012 年 12 月 24 日中国民用航空局局务会议通过，现予公布，自 2014 年 3 月 1 日起施行。

局　长　李家祥

二〇一三年九月二十二日

中国民用航空危险品运输管理规定

第一章　总　则

第一条　为加强危险品航空运输管理，促进危险品航空运输发展，保证航空运输安全，根据《中华人民共和国民用航空法》和有关法律、行政法规，制定本规定。

第二条　本规定适用于国内公共航空运输经营人（以下简称国内经营人）、在外国和中国地点间进行定期航线经营或者不定期飞行的外国公共航空运输经营人（以下简称外国经营人）以及与危险品航空运输活动有关的任何单位和个人。

第三条　中国民用航空局（以下简称民航局）依据职责对全国危险品航空运输活动实施监督管理，中国民用航空地区管理局（以下简称民航地区管理局）依据职责对辖区内的危险品航空运输活动实施监督管理。

第四条　本规定中下列用语，除具体条款中另有规定外，含义如下：

（一）"危险品"是指列在《技术细则》危险品清单中或者根据该细则归类的能对健康、安全、财产或者环境构成危险的物品或者物质。

（二）《技术细则》是指根据国际民航组织理事会制定的程序而定期批准和公布的《危险物品安全航空运输技术细则》。

（三）"经营人"是指以营利为目的使用民用航空器从事旅客、行李、货物、邮件运输的公共航空运输企业，包括国内经营人和外国经营人。

（四）"托运人"是指为货物运输与承运人订立合同，并在航空货运单或者货物记录上署名的人。

（五）"货运销售代理人"是指经经营人授权，代表经营人从事货物航空运输销售活动的企业。

（六）"地面服务代理人"是指经经营人授权，代表经营人从事各项航空运输地面服务的企业。

（七）"托运物"是经营人一次在一个地址，从一个托运人处接收的，按一批和一个目的地地址的一个收货人出具收据的一个或者多个危险品包装件。

（八）"机长"是指由经营人指定的在飞行中负有指挥职能并负责飞行安全操作的驾驶员。

（九）"危险品事故"是指与危险品航空运输有关联，造成致命或者严重人身伤害或者重大财产损坏或者破坏环境的事故。

（十）"危险品事故征候"是指不同于危险品事故，但与危险品航空运输有关联，不一定发生在航空器上，但造成人员受伤、财产损坏或者破坏环境、起火、破损、溢出、液体渗漏、放射性渗漏或者包装物未能保持完整的其他情况。任何与危险品航空运输有关并严重危及航空器或者机上人员的事件也被认为构成危险品事故征候。

（十一）"例外"是指本规定中免于遵守通常适用于危险品某一具体项目要求的规定。

（十二）"包装件"是指包装作业的完整产品，包括包装物和准备运输的内装物。

（十三）"集合包装"是指为便于作业和装载，一个托运人用于装入一个或者多个包装件并组成一个操作单元的一个封闭物，此定义不包括集装器。

（十四）"集装器"是指任何类型的货物集装箱、航空器集装箱、带网的航空器托盘或者带网集装棚的航空器托盘，此定义不包括集合包装。

（十五）"包装物"是指具有容纳作用的容器和任何其他部件或者材料。

（十六）"始发国"是指在其领土内最初将货物装载于航空器上的国家。

（十七）"联合国编号"是指为识别一种物质或者一组特定的物质，而由联合国危险品运输专家委员会所指定的四位数字编码。

第五条　经营人和其他从事危险品航空运输活动的单位和个人从事危险品航空运输活动应当遵守现行有效的《技术细则》及其补充材料和任何附录，中华人民共和国的法律、行政法规、规章和其他民航局规范性文件另有规定的除外。

第六条　从事危险品航空运输活动的相关单位应当建立自查制度，对直接关系航空运输安全的危险品航空运输手册、管理程序、培训大纲、人员资质等实施自查，使之保持最新有效，相关规定得到严格执行。

第二章　危险品航空运输的限制和豁免

第七条　危险品航空运输应当遵守本规定和《技术细则》规定的详细规格和程序。

第八条　除本规定第十二条、第十三条予以豁免或者按照《技术细则》规定经始发国批准可以运输的情况外，禁止下列危险品装上航空器：

（一）《技术细则》中规定禁止在正常情况下运输的危险品；

（二）受到感染的活动物。

第九条　禁止通过航空邮件邮寄危险品或者在航空邮件内夹带危险品，《技术细则》中另有规定的除外。

禁止将危险品匿报或者谎报为普通物品作为航空邮件邮寄。

邮政企业、快递企业收寄危险品的，依照《中华人民共和国邮政法》的规定处罚。

第十条　任何航空器均不得载运《技术细则》中规定的在任何情况下

禁止航空运输的物品和物质。

第十一条 符合下列情况的物质和物品，不受本规定的限制：

（一）已分类为危险品的物品和物质，根据有关适航要求和运行规定，或者因《技术细则》列明的其他特殊原因需要装上航空器时。

航空器上载运的上述物品和物质的替换物，或者因替换已被卸下的物品或者物质，除《技术细则》允许外，应当按本规定进行运输。

（二）旅客或者机组成员携带的在《技术细则》规定范围内的特定物品和物质。

第十二条 下列情况，民航局可以根据《技术细则》的规定批准运输：

（一）对于《技术细则》指明经批准可以运输禁止用客机和/或者货机运输的危险品；

（二）符合《技术细则》规定的其他目的的。

上述情况下，运输的总体安全水平必须达到相当于《技术细则》所规定的安全水平。如果《技术细则》没有明确提及允许给予某一批准，则可寻求豁免。

第十三条 在极端紧急或者不适宜使用其他运输方式或者完全遵照规定的要求与公共利益相违背的情况下，民航局对《技术细则》的规定可予以豁免，但在此情况下应当尽全力使运输的总体安全水平达到与这些规定要求的同等安全水平。

第三章　危险品航空运输许可程序

第一节　一般规定

第十四条 经营人从事危险品航空运输，应当取得危险品航空运输许可并根据许可内容实施。

第十五条 民航地区管理局应当告知申请人有关危险品航空运输的政策和规定，为申请人申请危险品航空运输许可提供咨询和申请书的标准格式。

第十六条 遇灾害运送救援人员或者物资等重大、紧急和特殊情况，民航地区管理局应当按照民航局的相关要求办理危险品航空运输许可。

第十七条　民航地区管理局作出的危险品航空运输许可应当包含下列内容：

（一）说明经营人应按本规定和《技术细则》的要求，在批准的经营范围内实施运行；

（二）批准运输的危险品类别；

（三）许可的有效期；

（四）必要的限制条件。

第二节　国内经营人危险品航空运输的申请和许可

第十八条　国内经营人申请危险品航空运输许可的，应当符合下列条件：

（一）持有公共航空运输企业经营许可证；

（二）危险品航空运输手册符合危险品运输的要求；

（三）危险品培训大纲符合危险品运输的要求；

（四）按危险品航空运输手册建立了危险品航空运输管理和操作程序、应急方案；

（五）配备了合适的和足够的人员并按危险品培训大纲完成培训并合格；

（六）有能力按本规定、《技术细则》和危险品航空运输手册实施危险品航空运输。

第十九条　国内经营人首次申请危险品航空运输许可的，应当向民航地区管理局提交下列材料：

（一）申请书；

（二）公共航空运输企业经营许可证复印件；

（三）拟从事危险品航空运输的经营范围和危险品的类别；

（四）危险品航空运输手册；

（五）危险品培训大纲；

（六）符合本规定及《技术细则》培训要求的说明；

（七）危险品应急响应方案；

（八）符合性声明；

（九）民航局要求的其他材料。

第二十条　国内经营人应当确保所提交材料的真实有效。申请材料齐全、符合法定形式的，民航地区管理局应当受理国内经营人的申请。材料不齐全或者不符合法定形式的，民航地区管理局应当当场或者在5日内一次性通知需要补充的全部材料，逾期不通知的，自收到申请材料之日起即为受理。

第二十一条　民航地区管理局对国内经营人的危险品航空运输手册、危险品培训大纲和相关文件进行审查。国内经营人按危险品航空运输手册建立相关管理和操作程序，按培训大纲进行培训。民航地区管理局对相关程序和培训质量进行检查，确保其符合本规定和《技术细则》的要求。

经过审查，确认国内经营人符合本规定第十八条要求的，由民航地区管理局为其颁发危险品航空运输许可。经审查不合格，民航地区管理局依法做出不予许可决定的，应当书面告知申请人，并说明理由。

第二十二条　民航地区管理局应当自受理危险品航空运输许可的申请之日起20日内完成审查并做出是否许可的决定。需要进行专家评审的，民航地区管理局应当将所需的评审时间书面告知申请人，评审时间不计入作出许可的期限内。

第三节　外国经营人危险品航空运输的申请和许可

第二十三条　外国经营人申请在外国地点和中国地点间的定期航线上运输危险品的，应当符合下列条件：

（一）持有民航局颁发的外国航空运输企业航线经营许可；

（二）获得所在国民航主管部门颁发的危险品航空运输许可或者等效文件；

（三）持有所在国民航主管部门批准的危险品培训大纲或者等效文件，配备了合适的和足够的人员并按危险品培训大纲完成培训并合格；

（四）持有所在国民航主管部门批准的危险品航空运输手册或者等效文件，并按危险品航空运输手册建立了危险品航空运输管理和操作程序、应急方案。

第二十四条　外国经营人申请在外国地点和中国地点间的定期航线上

运输危险品的,应当向民航地区管理局提交下列材料:

(一)申请书;

(二)外国经营人所在国民航主管部门颁发的危险品航空运输许可或者等效文件;

(三)拟实施危险品航空运输的经营范围和危险品的类别;

(四)外国经营人所在国民航主管部门批准的危险品航空运输手册或者等效文件;

(五)外国经营人所在国民航主管部门批准的危险品培训大纲或者等效文件;

(六)民航局颁发给该外国经营人的航线经营许可证的复印件;

(七)符合本规定及《技术细则》有关培训要求的说明;

(八)民航局要求的其他材料。

第二十五条　申请在外国地点和中国地点间的定期航线上运输危险品的外国经营人应当在预计开始运输危险品之日 60 日前,按照本规定第二十四条的要求向民航地区管理局提出正式申请,并确保所提交材料的真实有效。

申请材料齐全、符合法定形式的,民航地区管理局应当受理外国经营人的申请。材料不齐全或者不符合法定形式的,民航地区管理局应当当场或者在 5 日内一次性通知该外国经营人需要补充的全部材料,逾期不通知的,自收到申请材料之日起即为受理。

第二十六条　民航地区管理局应当对外国经营人的申请进行审查。经过审查,确认外国经营人符合本规定第二十三条要求的,由民航地区管理局为其颁发定期航线上危险品航空运输许可。

经审查不合格,民航地区管理局依法做出不予许可决定的,应当书面告知外国经营人,并说明理由。

第二十七条　民航地区管理局应当自受理外国经营人在外国地点和中国地点间的定期航线上运输危险品的申请之日起 20 日内做出是否许可的决定。

第二十八条　外国经营人申请在外国地点和中国地点间的不定期飞行时运输危险品的,应当符合下列条件:

（一）持有所在国民航主管部门颁发的危险品航空运输许可或者等效文件；

（二）若从外国始发，持有危险品始发国民航主管部门颁发的危险品航空运输许可或者等效文件；

（三）执行不定期飞行相关人员按危险品培训大纲完成培训并合格；

（四）按危险品航空运输手册建立了危险品航空运输管理和操作程序、应急方案；

（五）同中国境内符合本规定要求并经备案的地面服务代理人签订包括航空运输危险品内容的机场地面服务代理协议；

（六）有能力按本规定、《技术细则》和危险品航空运输手册实施危险品航空运输。

第二十九条　外国经营人申请在外国地点和中国地点间的不定期飞行运输危险品的，应当向民航地区管理局提交下列材料：

（一）申请书；

（二）外国经营人所在国民航主管部门颁发的危险品航空运输许可文件或者等效文件；

（三）若从外国始发，危险品始发国民航主管部门颁发的危险品航空运输许可文件或者等效文件；

（四）拟实施危险品航空运输的经营范围和危险品类别；

（五）同中国境内地面服务代理人签订的地面服务代理协议；

（六）执行不定期飞行相关人员符合《技术细则》有关培训要求的说明；

（七）民航局或者民航地区管理局要求的其他材料。

第三十条　申请在外国地点和中国地点间的不定期飞行运输危险品的外国经营人应当在预计飞行日7日前向民航地区管理局提出申请。不符合此时限要求的，民航地区管理局不予受理。

第三十一条　申请在外国地点和中国地点间的不定期飞行运输危险品的外国经营人应当按照本规定第二十九条的要求向民航地区管理局提交申请材料，并确保所提交材料的真实有效。申请材料齐全、符合法定形式的，民航地区管理局应当受理申请；申请材料不齐全或者不符合法定要求的，民航地区管理局应当当场或者 3 日内一次性告知申请人需要补齐的全部材料，逾期不告知申请人的，自收到申请材料之日起即为受理。

第三十二条　民航地区管理局应当对外国经营人的申请进行审查。经过审查，外国经营人符合本规定第二十八条条件的，民航地区管理局应当为外国经营人颁发不定期飞行运输危险品的许可。

经审查不合格，民航地区管理局依法做出不予许可决定的，应当书面告知外国经营人，并说明理由。

民航地区管理局应当自受理申请之日起 4 日内进行审查，并做出许可或者不许可的书面决定。民航地区管理局做出不予许可决定的，还应当向外国经营人说明理由。

第三十三条　本节要求提交的申请材料，如使用的是中文或者英文以外的其他文字，应当附带准确的中文或者英文译本。

第四节　危险品航空运输许可的期限、变更和延期

第三十四条　危险品航空运输许可的有效期最长不超过两年。出现下列情形之一的，危险品航空运输许可失效：

（一）经营人书面声明放弃；

（二）许可依法被撤销或者吊销；

（三）许可有效期届满后未申请延期。

第三十五条　危险品航空运输许可持有人要求变更许可事项的，应当向民航地区管理局提出申请；提交材料应当包括申请书和本规定第十九条、第二十四条中发生变更的材料。符合本规定要求的，民航地区管理局应当依法办理变更手续。

第三十六条　经营人依据本规定第十九条、第二十四条规定在申请危险品航空运输许可时所提交的材料，在许可有效期限内发生变化的，经营人应当将更新后的材料报民航地区管理局批准或认可。

第三十七条　危险品航空运输许可持有人申请许可有效期延期的，应当在许可有效期届满前 30 日向民航地区管理局提出申请；提交的材料应当包括申请书和本规定第十九条、第二十四条中发生变更的材料。民航地区管理局应当在许可有效期届满前做出是否准予延期的决定；逾期未做出

决定的，视为准予延期。

第四章 危险品航空运输手册

第三十八条 国内经营人依据《公共航空运输企业经营许可规定》相关要求申请公共航空运输企业经营许可时，应当将符合本规定要求的危险品航空运输手册与其他公共航空运输企业经营许可申请材料一并提交所在地民航地区管理局进行审查。

危险品航空运输手册的内容可以按照专业类别及其承担的责任编入经营人运行、地面服务和客货运输业务等其他手册中。

第三十九条 经营人应当在工作场所的方便查阅处，为危险品航空运输有关人员提供其所熟悉的文字编写的危险品航空运输手册，以便飞行机组和其他人员履行危险品航空运输职责。

第四十条 国内经营人的危险品航空运输手册应当至少包括以下内容：

（一）进行危险品航空运输的总政策；
（二）有关危险品航空运输管理和监督的机构和职责；
（三）旅客和机组人员携带危险品的限制；
（四）危险品事故、危险品事故征候的报告程序；
（五）货物和旅客行李中隐含危险品的识别；
（六）使用自营航空器运输本经营人危险品的要求；
（七）人员的培训；
（八）危险品航空运输应急响应方案；
（九）紧急情况下危险品运输预案；
（十）其他有关安全的资料或者说明。

从事危险品运输经营人的危险品航空运输手册还应当包括以下内容：

（一）危险品航空运输的技术要求及其操作程序；
（二）通知机长的信息。

国内经营人应当采取措施保持危险品航空运输手册所有内容的实用性和有效性。

第四十一条 经营人应当采取必要措施，使其人员及其货运销售代理人和地面服务代理人的人员在履行相关职责时，充分了解危险品运输手册中与其职责相关的内容，并确保危险品的操作和运输按照其危险品航空运输手册中规定的程序和要求实施。

第四十二条　民航地区管理局可以通过书面形式要求国内经营人对危险品运输手册的相关内容、分发或者修订做出调整。

第五章　危险品航空运输的准备

第四十三条　托运人应当根据《技术细则》的规定对航空运输的危险品进行分类、识别、包装、标签和标记，提交正确填制的危险品运输文件。

第四十四条　航空运输的危险品所使用的包装物应当符合下列要求：

（一）包装物应当构造严密，能够防止在正常运输条件下由于温度、湿度或者压力的变化，或者由于振动而引起渗漏。

（二）包装物应当与内装物相适宜，直接与危险品接触的包装物不能与该危险品发生化学反应或者其他反应。

（三）包装物应当符合《技术细则》中有关材料和构造规格的要求。

（四）包装物应当按照《技术细则》的规定进行测试。

（五）对用于盛装液体的包装物，应当能承受《技术细则》中所列明的压力而不渗漏。

（六）内包装应当以防止在正常航空运输条件下发生破损或者渗漏的方式进行包装、固定或者垫衬，以控制其在外包装物内的移动。垫衬和吸附材料不得与包装物的内装物发生危险反应。

（七）包装物应当在检查后证明其未受腐蚀或者其他损坏时，方可再次使用。再次使用包装物时，应当采取一切必要措施防止随后装入的物品受到污染。

（八）如果由于之前内装物的性质，未经彻底清洗的空包装物可能造成危害时，应当将其严密封闭，并按其构成危害的情况加以处理。

（九）包装件外部不得粘附构成危害数量的危险物质。

第四十五条　每一危险品包装件应当粘贴适当的标签，并且符合《技术细则》的规定，《技术细则》另有规定的除外。

第四十六条　每一危险品包装件应当标明其内装物的运输专用名称，《技术细则》另有规定的除外。如有指定的联合国编号，则需标明此联合国编号以及《技术细则》中规定的其他相应标记。

每一按照《技术细则》的规格制作的包装物，应当按照《技术细则》中有关的规定予以标明，《技术细则》另有规定的除外；不符合《技术细则》中有关包装规格的包装物，不得在该包装物上标明包装物规格的标记。

第四十七条　国际航空运输时，除始发国要求的文字外，标记应当加用英文。

第六章　托运人的责任

第四十八条　托运人应当确保所有办理托运手续和签署危险品运输文件的人员已按本规定和《技术细则》要求接受相关危险品知识的培训并合格。

第四十九条　托运人将危险品的包装件或者集合包装件提交航空运输前，应当按照本规定和《技术细则》的规定，保证该危险品不是航空运输禁运的危险品，并正确地进行分类、包装、加标记、贴标签、提供真实准确的危险品运输相关文件。

托运国家法律、法规限制运输的危险品，应当符合相关法律、法规的要求。

第五十条　禁止在普通货物中夹带危险品或者将危险品匿报、谎报为普通货物进行托运。

第五十一条　凡将危险品提交航空运输的托运人应当向经营人提供正确填写并签字的危险品运输文件，文件中应当包括《技术细则》所要求的内容，《技术细则》另有规定的除外。

危险品运输文件中应当有经危险品托运人签字的声明，表明按运输专用名称对危险品进行完整、准确地描述和该危险品是按照《技术细则》的规定进行分类、包装、加标记和贴标签，并符合航空运输的条件。

必要时，托运人应当提供物品安全数据说明书或者经营人认可的鉴定机构出具的符合航空运输条件的鉴定书。托运人应当确保危险品运输文件、物品安全数据说明书或者鉴定书所列货物与其实际托运的货物保持一致。

第五十二条 国际航空运输时，除始发国要求的文字外，危险品运输文件应当加用英文。

第五十三条 托运人必须保留一份危险品运输相关文件至少 24 个月。上述文件包括危险品运输文件、航空货运单以及本规定和《技术细则》要求的补充资料和文件。

第五十四条 托运人委托的代理人的人员应当按照本规定和《技术细则》的要求接受相关危险品知识的培训并合格。

第五十五条 托运人的代理人代表托运人从事危险品航空运输活动的，适用本规定有关托运人责任的规定。

第七章 经营人及其代理人的责任

第一节 经营人的责任

第五十六条 经营人应当在民航地区管理局颁发的危险品航空运输许可所载明的范围和有效期内开展危险品航空运输活动。

第五十七条 经营人应当制定措施防止行李、货物、邮件及供应品中隐含危险品。

第五十八条 经营人接收危险品进行航空运输至少应当符合下列要求：

（一）附有完整的危险品运输文件，《技术细则》另有要求的除外；

（二）按照《技术细则》的接收程序对包装件、集合包装件或者装有危险品的专用货箱进行检查；

（三）确认危险品运输文件的签字人已按本规定及《技术细则》的要求培训并合格。

第五十九条 经营人应当制定和使用收运检查单以遵守本规定第五十七条、第五十八条的规定。

第六十条 装有危险品的包装件和集合包装件以及装有放射性物质的专用货箱应当按照《技术细则》的规定在航空器上装载。

第六十一条 装有危险品的包装件、集合包装件和装有放射性物质的专用货箱在装上航空器或者装入集装器之前,应当检查是否有泄漏和破损的迹象。泄漏或者破损的包装件、集合包装件或者装有危险品的专用货箱不得装上航空器。

第六十二条 集装器未经检查并证实其内装的危险品无泄漏或者无破损迹象之前不得装上航空器。

第六十三条 装上航空器的任何危险品包装件出现破损或者泄漏,经营人应当将此包装件从航空器上卸下,或者安排由有关机构从航空器上卸下。在此之后应当保证该托运物的其余部分符合航空运输的条件,并保证其他包装件未受污染。

第六十四条 装有危险品的包装件、集合包装件和装有放射性物质的专用货箱从航空器或者集装器卸下时,应当检查是否有破损或者泄漏的迹象。如发现有破损或者泄漏的迹象,则应当对航空器上装载危险品或者集装器的部位进行破损或者污染的检查。

第六十五条 危险品不得装在航空器驾驶舱或者有旅客乘坐的航空器客舱内,《技术细则》另有规定的除外。

第六十六条 在航空器上发现由于危险品泄漏或者破损造成任何有害污染的,应当立即进行清除。

受到放射性物质污染的航空器应当立即停止使用,在任何可接触表面上的辐射程度和非固着污染超过《技术细则》规定数值的,不得重新使用。

第六十七条 装有可能产生相互危险反应的危险品包装件,不得在航空器上相邻放置或者装在发生泄漏时包装件可产生相互作用的位置上。

毒性物质和感染性物质的包装件应当根据《技术细则》的规定装在航空器上。

装在航空器上的放射性物质的包装件,应当按照《技术细则》的规定将其与人员、活动物和未冲洗的胶卷进行分离。

第六十八条 符合本规定的危险品装上航空器时,经营人应当保护危险品不受损坏,应当将这些物品在航空器内加以固定以免在飞行时出现任何移动而改变包装件的指定方向。对装有放射性物质的包装件,应当充分固定以确保在任何时候都符合本规定第六十七条第三款规定的分离要求。

第六十九条 贴有"仅限货机"标签的危险品包装件,按照《技术细则》的规定只能装载在货机上。

第七十条 经营人应当确保危险品的存储符合《技术细则》中有关危险品存储、分离与隔离的要求。

第七十一条 经营人根据本规定第五十一条要求托运人提供货物符合航空运输条件的鉴定书的,应当告知托运人其认可的鉴定机构,并确保其所认可的鉴定机构满足民航局关于货物航空运输条件鉴定机构的相关规定,同时将认可的鉴定机构报民航局备案。

自收到备案申请之日起 20 日内,民航局应当将鉴定机构予以备案,并对外公布。

第七十二条 经营人应当在载运危险品的飞行终止后,将危险品航空运输的相关文件至少保存 24 个月。上述文件至少包括收运检查单、危险品运输文件、航空货运单和机长通知单。

第七十三条 经营人委托地面服务代理人代表其从事与危险品航空运输地面服务的,应当同地面服务代理人签订涉及危险品航空运输的地面服务代理协议。所委托的中国境内的地面服务代理人应当符合本规定有关地面服务代理人的要求,所委托的中国境外的地面服务代理人应当符合所在地国家的相关法律、法规。经营人应当自危险品航空运输地面服务代理协议签订之日起 7 日内将所签订协议报民航地区管理局备案。

第七十四条 经营人委托货运销售代理人代表其从事货物航空运输销售活动的,应当同货运销售代理人签订包括危险品安全航空运输内容的航空货物运输销售代理协议,并确保所委托的货运销售代理人满足以下要求:

(一)拥有企业法人营业执照;

(二)从事危险品收运工作、货物或邮件(非危险品)收运工作的员工,从事货物或邮件的搬运、储存和装载工作的员工按照所代理的经营人认可的危险品培训大纲由符合本规定要求的培训机构培训合格;

(三)在货物、邮件收运处的醒目地点展示和提供数量充足、引人注目的关于危险品运输信息的布告,以提醒注意托运物可能含有的任何危险品以及危险品违规运输的相关规定和法律责任,这些布告必须包括危险品的直观示例；

（四）不得作为托运人或者代表托运人托运危险品；

（五）采取适当措施防止危险品被盗或者不正当使用而使人员或者财产受到损害；

（六）发生航空器事故、严重事故征候、事故征候时，向调查职能部门报告航空器上装载危险品的情况；

（七）其他在经营人授权范围内代表经营人从事的危险品航空运输活动符合本规定和《技术细则》的要求。

第七十五条　经营人委托货运销售代理人和地面服务代理人从事货物航空运输相关业务，应当在代理协议中要求代理人对收运货物进行查验或者采取有效措施防止货物中隐含危险品。经营人应当对代理人的货物查验及相关措施进行认可并定期检查。

第二节　经营人的代理人的责任

第七十六条　本规定所指的经营人的代理人，是指位于中国境内的代表经营人从事危险品航空运输活动的企业，包括货运销售代理人、地面服务代理人，以及其他代表经营人从事危险品航空运输活动的企业。

第七十七条　货运销售代理人从事货物航空运输销售代理活动，应当同经营人签订包括危险品安全航空运输内容的航空货物运输销售代理协议。

第七十八条　货运销售代理人不得作为托运人或者代表托运人托运危险品。

第七十九条　地面服务代理人无论是否从事危险品航空运输活动，均应当满足以下要求：

（一）拥有企业法人营业执照；

（二）制定危险品培训大纲并获得民航地区管理局的批准；

（三）确保其人员已按本规定和《技术细则》的要求接受相关危险品知识的培训并合格；

（四）与经营人签订包括危险品航空运输在内的地面服务代理协议；

（五）制定危险品航空运输管理程序，其中应当包括地面应急程序和措施；

（六）拥有经营人提供或者认可的危险品航空运输手册；

（七）民航局规定的其他条件。

第八十条 地面服务代理人从事危险品航空运输活动的，除满足本规定第七十九条规定外，还应当满足以下要求：

（一）制定符合《技术细则》要求的危险品保安措施；

（二）危险品的储存管理符合《技术细则》中有关危险品存储、分离与隔离的要求；

（三）确保其人员在履行相关职责时，充分了解危险品运输手册中与其职责相关的内容，并确保危险品的操作和运输按照其危险品航空运输手册中规定的程序和要求实施。

第八十一条 地面服务代理人应当报所在地民航地区管理局备案。自收到备案申请之日起 20 日内，民航地区管理局应当将地面服务代理人予以备案，并对外公布。

第八十二条 地面服务代理人代表经营人从事危险品航空运输活动的，适用本规定有关经营人责任的规定。

第八章 危险品航空运输信息

第八十三条 经营人在其航空器上载运危险品，应当在航空器起飞前向机长提供《技术细则》规定的书面信息。

第八十四条 经营人应当在运行手册中提供信息，使机组成员能履行其对危险品航空运输的职责，同时应当提供在出现涉及危险品的紧急情况时采取的行动指南。

第八十五条 经营人应当确保在旅客购买机票时，向旅客提供关于禁止航空运输危险品的信息。通过互联网提供的信息可以是文字或者图像形式，但应当确保只有在旅客表示已经理解行李中的危险品限制之后，方可完成购票手续。

第八十六条 在旅客办理乘机手续前，经营人应当在其网站或者其他信息来源向旅客提供《技术细则》关于旅客携带危险品的限制要求。通过互联网办理乘机手续的，经营人应当向旅客提供关于禁止旅客航空运输的危险品种类的信息。信息可以是文字或者图像形式，但应当确保只有在旅客表示已经理解行李中的危险品限制之后，方可完成办理乘机手续。

旅客自助办理乘机手续的，经营人应当向旅客提供关于禁止旅客航空运输的危险品种类的信息。信息应当是图像形式，并应确保只有在旅客表示已经理解行李中的危险品限制之后，方可完成办理乘机手续。

第八十七条 经营人、机场管理机构应当保证在机场每一售票处、办理旅客乘机手续处、登机处以及其他旅客可以办理乘机手续的任何地方醒目地张贴数量充足的布告，告知旅客禁止航空运输危险品的种类。这些布告应当包括禁止用航空器运输的危险品的直观示例。

第八十八条 经营人、货运销售代理人和地面服务代理人应当在货物、邮件收运处的醒目地点展示和提供数量充足、引人注目的关于危险品运输信息的布告，以提醒托运人及其代理人注意到托运物可能含有的任何危险品以及危险品违规运输的相关规定和法律责任。这些布告必须包括危险品的直观示例。

第八十九条 与危险品航空运输有关的经营人、托运人、机场管理机构等其他机构应当向其人员提供信息，使其能履行与危险品航空运输相关的职责，同时应当提供在出现涉及危险品的紧急情况时采取的行动指南。

第九十条 如果在飞行时发生紧急情况，如情况许可，机长应当按照《技术细则》的规定立即将机上载有危险品的信息通报有关空中交通管制部门，以便通知机场。

第九十一条 航空器事故或者严重事故征候可能涉及作为货物运输的危险品时，经营人应当立即将机上危险品的信息提供给处理事故或者严重事故征候的应急处置机构、经营人所在国和事故或者严重事故征候发生所在国的有关当局。

当运输危险品货物的航空器发生事故征候，该经营人应当立即将机上危险品的信息提供给处理事故征候的应急处置机构和事故征候发生所在国的有关当局。

提供的信息应当与向机长提供的书面信息一致。

第九十二条 发生危险品事故或者危险品事故征候，经营人应当向经营人所在国及事故、事故征候发生地所在国有关当局报告。

初始报告可以用各种方式进行，但应当尽快完成一份书面报告。

若适用，书面报告应当包括下列内容，并将相关文件的副本与照片附在书面报告上：

（一）事故或者事故征候发生日期；

（二）事故或者事故征候发生的地点、航班号和飞行日期；

（三）有关货物的描述及货运单、邮袋、行李标签和机票等的号码；

（四）已知的运输专用名称（包括技术名称）和联合国编号；

（五）类别或者项别以及次要危险性；

（六）包装的类型和包装的规格标记；

（七）涉及数量；

（八）托运人或者旅客的姓名和地址；

（九）事故或者事故征候的其他详细情况；

（十）事故或者事故征候的可疑原因；

（十一）采取的措施；

（十二）书面报告之前的其他报告情况；

（十三）报告人的姓名、职务、地址和联系电话。

第九十三条 当在货物或者邮件中发现未申报或者错误申报的危险品时，经营人应当向经营人所在国和事件发生地所在国有关当局报告。当在旅客行李中发现根据《技术细则》要求不允许携带的危险品时，经营人应当向事件发生地所在国有关当局报告。

第九章 培 训

第一节 一般规定

第九十四条 从事危险品航空运输活动的人员应当按照本规定及《技术细则》的要求经过培训并合格。

第九十五条 对从事危险品航空运输活动人员的危险品培训应当由符合本规定要求的危险品培训机构实施。经营人无论是否持有危险品航空运输许可，都应当确保其相关人员按照本规定及《技术细则》的要求进行培训并合格。

第二节 危险品培训大纲

第九十六条 根据《技术细则》的要求，以下企业或者组织开展培训活动应当持有危险品培训大纲：

（一）作为危险品航空运输托运人或者托运人代理人的企业或者其他组织；

（二）国内经营人；

（三）货运销售代理人；

（四）地面服务代理人；

（五）从事民航安全检查工作的企业。

危险品培训机构可以代表上述企业或者组织制定危险品培训大纲，但在实施前应当得到委托方认可。

第九十七条　危险品培训大纲应当根据各类人员的职责制定，每种培训大纲应当包括初始培训和定期复训两个类别，并符合《技术细则》的要求。

第九十八条　危险品培训大纲中应当至少包括下列内容：

（一）符合本规定和《技术细则》规定的声明；

（二）培训课程设置及考核要求；

（三）受训人员的进入条件及培训后应当达到的质量要求；

（四）将使用的设施、设备的清单；

（五）教员的资格要求；

（六）培训教材；

（七）国家法律法规的相关要求。

经营人、货运销售代理人及地面服务代理人的危险品培训大纲还应包括危险品航空运输手册或者所代理经营人的危险品航空运输手册的使用要求。

第九十九条　本规定第九十六条（一）规定的企业或者组织制定的危险品培训大纲，在实施前应当报民航地区管理局备案。

本规定第九十六条（二）、（四）、（五）项规定的企业或者组织制定的危险品培训大纲，在实施前应当报民航地区管理局批准。

本规定第九十六条（三）规定的企业或者组织制定的培训大纲，在实施前应当得到所代理的经营人的认可。

第一百条　危险品培训大纲应当及时修订和更新，并依据本规定九十九条规定报送备案、批准或者得到经营人认可。

第三节 培训课程

第一百零一条 制定和持有危险品培训大纲的企业或者组织应当根据其培训大纲设置培训课程。培训课程应当包括：

（一）一般知识培训：旨在熟悉一般性规定的培训；

（二）专门职责培训：针对人员所承担的职责要求提供的详细培训；

（三）安全培训：以危险品所具有的危险性、安全操作及应急处置程序为培训内容的培训。

第一百零二条 培训课程中应当列明培训的具体内容、计划小时数和考试的相关要求。

第一百零三条 培训课程所需的教材、资料应当符合国家法律、法规的规定和现行有效的《技术细则》的要求。

第四节 培训要求

第一百零四条 地面服务代理人按照经批准的培训大纲或者货运销售代理人按照所代理的经营人认可的培训大纲，由符合本规定要求的培训机构培训合格的人员，可为不同经营人代理同一类别人员的工作，但经营人应当确保其符合以下条件：

（一）在同等职责范围内，其培训水平足以胜任指定的工作；

（二）遵守经营人危险品手册要求。

第一百零五条 外国经营人应当确保其在中华人民共和国境内从事危险品航空运输活动的人员按下列要求之一进行培训并合格：

（一）外国经营人所在国主管部门批准或者认可的培训大纲或者其他等效文件以及中国危险品航空运输相关法律法规；

（二）民航地区管理局批准的培训大纲以及外国经营人的差异化政策。

第一百零六条 为了保证知识更新，应当在前一次培训后的 24 个月内进行复训。

如果复训是在前一次培训的最后 3 个月有效期内完成，则其有效期自复训完成之日起开始延长，直到前一次培训失效日起 24 个月为止。

第一百零七条 培训记录应当保存 3 年以上并随时接受民航局或者民航地区管理局的检查。培训记录应当载明以下内容：

（一）受训人员姓名；

（二）最近一次完成培训的日期；

（三）所使用培训教材的说明；

（四）培训机构的名称和地址；

（五）培训教员的姓名；

（六）考核成绩；

（七）表明已通过培训考核的证据。

第五节　危险品培训机构

第一百零八条　制定和实施危险品培训大纲的企业或者组织可以设立危险品培训机构。

无条件设立危险品培训机构的企业或者组织，可以委托依本规定设立的危险品培训机构根据委托方制定并经批准、备案或者认可的培训大纲对其人员进行培训。

第一百零九条　危险品培训机构开展危险品培训应当符合以下条件，并报民航局备案：

（一）具备法人资格；

（二）具有委托方提供的经批准、备案或者认可的危险品的初训和复训大纲及为委托方设计的培训课程及教材；

（三）具有 3 名以上符合本规定要求的危险品培训教员；

（四）具有符合教学需要的教学设施和设备。

自收到备案申请之日起 20 日内，民航局将危险品培训机构予以备案，并对外公布。

第一百一十条　为本企业人员提供培训所设立的危险品培训机构不适用本规定第一百零九条第（一）（二）项规定的条件。

第一百一十一条　危险品培训机构的教员应当满足以下条件：

（一）熟悉民用航空法律、法规、规章、规定和政策；

（二）从事民航相关业务 5 年以上；

（三）大专以上学历；

（四）通过经批准的危险品培训大纲中第六类人员的培训，并考核优秀；

（五）具备相应的授课技能；

（六）具备正确理解国际民航组织危险品航空运输有关规定的英语水平；

（七）民航局规定的其他条件。

为本企业人员提供培训所设立的危险品培训机构的教员不适用前款规定。

第一百一十二条　为本企业人员提供培训所设立的危险品培训机构，其教员应当满足以下条件：

（一）熟悉民用航空法律、法规、规章、规定和政策；

（二）教员是本企业的雇员；

（三）从事民航相关业务3年以上；

（四）通过经批准的危险品培训大纲中第六类人员的培训，并考核优秀；

（五）具备相应的授课技能并通过评估；

（六）民航局规定的其他条件。

第一百一十三条　危险品培训机构的教员必须且只能在一家培训机构注册，应当至少在24个月内进行授课或者参加复训。

第一百一十四条　危险品培训机构应当按照本规定第一百零七条规定为学员建立培训记录，该培训记录至少保存3年以上并随时接受民航局或者民航地区管理局的检查。

第十章　其他要求

第一百一十五条　从事危险品航空运输的经营人及其地面服务代理人、货运销售代理人、托运人及其代理人应当采取适当措施防止危险品被盗或者不正当使用而使人员或者财产受到损害。

第一百一十六条　从事高危危险品航空运输的托运人和经营人应当制定保安计划，并及时修订其保安计划，以保持其保安计划的实用性和有效性。

高危危险品是指《技术细则》中规定的有可能在恐怖主义事件中被滥用，可能造成大量伤亡或者大规模破坏等严重后果的危险品。

第一百一十七条 国内经营人的运行规范中应当包括危险品航空运输的有关内容。

第一百一十八条 机场管理机构应当制定机场危险品应急救援预案，将其纳入民用运输机场突发事件应急救援预案管理，并按《民用运输机场突发事件应急救援管理规则》执行。

第一百一十九条 机场管理机构应当及时修订机场危险品应急救援预案，确保该应急救援预案的有效性和实用性。

机场管理机构应将机场危险品的管理和机场危险品应急救援预案内容纳入《民用机场使用手册》。

第一百二十条 航空器事故、严重事故征候、事故征候的调查规定和调查程序应当包括涉及危险品的内容。

第一百二十一条 从事危险品航空运输的经营人、货运销售代理人、地面服务代理人、托运人及其代理人应当向航空器事故、严重事故征候、事故征候的调查职能部门报告航空器上装载危险品的情况。

第十一章 监督管理

第一百二十二条 民航管理部门依据职责对危险品航空运输活动实施监督检查。

民航地区管理局应当定期对辖区内从事危险品航空运输活动主体进行检查，并将监督检查中发现的问题及时处理并报告民航局。

第一百二十三条 民航管理部门依法对与危险品航空运输活动有关单位进行监督检查时，行使以下职权：

（一）进入相关单位的营业场所或者其他有关场所进行检查；询问被调查的经营人、利害相关人或者其他有关单位或者个人，要求其说明有关情况；查阅、复印有关文件、资料。

（二）对检查中发现的违法、违规行为，当场予以纠正或者要求限期改正；对依法应当给予行政处罚的行为，依照本规定和其他有关法律、法规的规定做出行政处罚决定。

（三）对可能涉及危险品事故、危险品事故征候及违规运输的货物、邮件及行李等物品，要求相关单位予以妥善保存以供后续调查。

（四）经本部门主要负责人批准，扣押违法运输的危险品。

第一百二十四条　民航管理部门依职责建立举报制度，公开举报电话、信箱或者电子邮件地址，受理有关危险品航空运输的举报。

第一百二十五条　从事危险品航空运输活动的单位和个人应当接受和配合民航管理部门的监督检查。

第一百二十六条　民航管理部门在实施危险品航空运输活动的监督管理时，不得妨碍被检查单位或者个人的正常经营活动，不得索取或者收受被许可人或者被检查单位或者个人的财物，不得谋取其他不正当利益。

第一百二十七条　危险品航空运输许可的批准函不得涂改、出借、买卖或者转让。

危险品航空运输许可批准函遗失、损毁或者灭失的，应当及时报告颁发许可的地区管理局，并在公共媒体上发布遗失公告、声明作废后，向颁发许可的地区管理局书面申请重新领取。

第一百二十八条　经营人应当保证其运营条件持续符合颁发危险品航空运输许可的条件。

经营人因运营条件发生变化，不再具备安全生产条件的，由民航管理部门依照《安全生产法》的规定撤销其危险品航空运输许可。

第一百二十九条　经营人及其代理人开展危险品航空运输活动的，应当按照有关规定向民航管理部门报送有关危险品航空运输活动的运输信息。

第一百三十条　民航管理部门依职责建立危险品航空运输违法记录制度，定期通报危险品航空运输违法记录。经营人应当对有危险品航空运输违法记录的合作方采取更严格的收运检查程序，避免危险品航空运输事故的发生。

第一百三十一条　任何单位或者个人对危险品航空运输违法、违规行为，均有权向民航局或者民航地区管理局报告或者举报。报告或者举报采用书面形式并提供相关事实和证据的，民航局或者民航地区管理局应当根据举报情况进行必要的调查。

第十二章　法律责任

第一百三十二条 托运人或者其代理人有下列行为之一的，由民航管理部门处以警告或者 3 万元以下的罚款：

（一）违反本规定，未按要求对所托运的危险品进行分类的；

（二）违反本规定，未按要求对所托运的危险品进行包装的；

（三）违反本规定，未按要求对所托运的危险品加标记的；

（四）违反本规定，未按要求对所托运的危险品贴标签的；

（五）违反本规定，未按要求就所托运的危险品提供危险品运输相关文件的；

（六）违反本规定，所托运危险品属于禁止航空运输的危险品；

（七）违反本规定，托运国家法律、法规限制运输的危险品，未满足相关法律、法规要求的；

（八）违反本规定第五十三条，未保留相关文件的；

（九）违反本规定第八十九条，未向其人员提供相关信息或者相关指南的。

第一百三十三条 经营人有下列行为之一的，由民航管理部门处以警告或者 3 万元以下的罚款：

（一）违反本规定第七条，未遵守《技术细则》规定运输危险品的；

（二）违反本规定第八条或者第十四条，未经批准、未经豁免、未取得危险品航空运输许可或者未按照危险品航空运输许可内容运输危险品的；

（三）违反本规定第二十条、第二十五条、第三十一条、第三十六条，在申请危险品航空运输许可时提供不真实材料的或者材料发生变化未按要求报民航地区管理局批准的；

（四）违反本规定第三十九条，未按要求提供危险品航空运输手册的；

（五）违反本规定第四十一条，未采取必要措施使其人员及其货运销售代理人和地面服务代理人了解危险品运输手册相关内容的；

（六）违反本规定第七章第一节，未满足经营人责任有关要求的；

（七）违反本规定第八章，未按要求提供危险品航空运输信息的；

（八）违反本规定第一百二十七条，涂改、出借、买卖或者转让危险品航空运输许可批准函或者批准函遗失、损毁、灭失后未及时报告的；

（九）违反本规定第一百二十九条，未按规定报送有关危险品航空运输活动运输信息的。

经营人有本条第一款第（一）项、第（二）项行为，情节严重的，没收违法所得，可以并处违法所得一倍以下的罚款。

经营人有本条第一款第（三）项行为，未提供真实材料，以欺骗等手段获得危险品航空运输许可的，由民航管理部门撤销其许可。

第一百三十四条　货运销售代理人有下列行为之一的，由民航管理部门处以警告或者 3 万元以下的罚款：

（一）违反本规定第七十七条，从事危险品航空运输活动的；

（二）违反本规定第七十八条，作为托运人或者代表托运人托运危险品的。

第一百三十五条　地面服务代理人有下列行为之一的，由民航管理部门处以警告或者 3 万元以下的罚款：

（一）违反本规定第七十九条、第八十条、第八十一条，从事危险品航空运输活动的；

（二）违反本规定第八十八条，未按要求提供危险品航空运输信息的；

（三）违反本规定第一百二十九条，未按规定报送有关危险品航空运输活动运输信息的。

地面服务代理人代表经营人从事危险品航空运输活动违反本规定的，适用本规定第一百三十三条（六）的规定。

第一百三十六条　机场管理机构有下列行为之一的，由民航管理部门处以警告或者 3 万元以下的罚款：

（一）违反本规定第八十七条、第八十九条，未按要求提供危险品航空运输信息的；

（二）违反本规定第一百一十八条、第一百一十九条，未制定或者未及时修订机场危险品应急救援预案的。

第一百三十七条　托运人及其代理人、经营人、货运销售代理人、地面服务代理人、从事民航安全检查工作的企业以及培训机构违反本规定第九章，未满足危险品培训有关要求的，由民航管理部门处以警告或者 3 万元以下的罚款。

第一百三十八条 托运人及其代理人、经营人或者地面服务代理人违反本规定第一百一十五条，未采取适当措施防止危险品被盗或者不正当使用的，由民航管理部门处以警告或者 3 万元以下的罚款。

第一百三十九条 从事高危危险品航空运输的托运人或者经营人违反本规定第一百一十六条，未制定或者及时修订高危危险品保安计划的，由民航管理部门处以警告或者 3 万元以下的罚款。

第一百四十条 托运人或者其代理人、经营人或者地面服务代理人违反本规定第一百二十一条，未报告航空器上装载危险品情况的，由民航管理部门处以警告或者 3 万元以下的罚款。

第一百四十一条 从事危险品航空运输活动的单位和个人违反本规定第一百二十五条，拒不接受或者配合民航管理部门监督检查的，由民航管理部门处以警告或者 3 万元以下的罚款。

第一百四十二条 从事危险品航空运输活动的单位和个人违反本规定，构成犯罪的，依法追究刑事责任。

第十三章 附 则

第一百四十三条 本规定中的期限以工作日计算，不含法定节假日。

第一百四十四条 香港特别行政区、澳门特别行政区和台湾地区的航空器经营人申请危险品航空运输许可，参照本规定有关外国经营人的规定执行。

第一百四十五条 本规定自 2014 年 3 月 1 日起施行。民航局 2004 年 7 月 12 日发布的《中国民用航空危险品运输管理规定》同时废止。

附录五　民用爆炸物品安全管理条例

中华人民共和国国务院令

第 466 号

《民用爆炸物品安全管理条例》已经 2006 年 4 月 26 日国务院第 134 次常务会议通过，现予公布，自 2006 年 9 月 1 日起施行。

总　理　温家宝

二〇〇六年五月十日

民用爆炸物品安全管理条例

第一章　总　　则

第一条　为了加强对民用爆炸物品的安全管理，预防爆炸事故发生，保障公民生命、财产安全和公共安全，制定本条例。

第二条　民用爆炸物品的生产、销售、购买、进出口、运输、爆破作业和储存以及硝酸铵的销售、购买，适用本条例。

本条例所称民用爆炸物品，是指用于非军事目的、列入民用爆炸物品品名表的各类火药、炸药及其制品和雷管、导火索等点火、起爆器材。

民用爆炸物品品名表，由国务院国防科技工业主管部门会同国务院公安部门制订、公布。

第三条　国家对民用爆炸物品的生产、销售、购买、运输和爆破作业实行许可证制度。

未经许可，任何单位或者个人不得生产、销售、购买、运输民用爆炸物品，不得从事爆破作业。

严禁转让、出借、转借、抵押、赠送、私藏或者非法持有民用爆炸物品。

第四条 国防科技工业主管部门负责民用爆炸物品生产、销售的安全监督管理。

公安机关负责民用爆炸物品公共安全管理和民用爆炸物品购买、运输、爆破作业的安全监督管理，监控民用爆炸物品流向。

安全生产监督、铁路、交通、民用航空主管部门依照法律、行政法规的规定，负责做好民用爆炸物品的有关安全监督管理工作。

国防科技工业主管部门、公安机关、工商行政管理部门按照职责分工，负责组织查处非法生产、销售、购买、储存、运输、邮寄、使用民用爆炸物品的行为。

第五条 民用爆炸物品生产、销售、购买、运输和爆破作业单位（以下称民用爆炸物品从业单位）的主要负责人是本单位民用爆炸物品安全管理责任人，对本单位的民用爆炸物品安全管理工作全面负责。

民用爆炸物品从业单位是治安保卫工作的重点单位，应当依法设置治安保卫机构或者配备治安保卫人员，设置技术防范设施，防止民用爆炸物品丢失、被盗、被抢。

民用爆炸物品从业单位应当建立安全管理制度、岗位安全责任制度，制订安全防范措施和事故应急预案，设置安全管理机构或者配备专职安全管理人员。

第六条 无民事行为能力人、限制民事行为能力人或者曾因犯罪受过刑事处罚的人，不得从事民用爆炸物品的生产、销售、购买、运输和爆破作业。

民用爆炸物品从业单位应当加强对本单位从业人员的安全教育、法制教育和岗位技术培训，从业人员经考核合格的，方可上岗作业；对有资格要求的岗位，应当配备具有相应资格的人员。

第七条 国家建立民用爆炸物品信息管理系统，对民用爆炸物品实行标识管理，监控民用爆炸物品流向。

民用爆炸物品生产企业、销售企业和爆破作业单位应当建立民用爆炸物品登记制度，如实将本单位生产、销售、购买、运输、储存、使用民用爆炸物品的品种、数量和流向信息输入计算机系统。

第八条 任何单位或者个人都有权举报违反民用爆炸物品安全管理规定的行为；接到举报的主管部门、公安机关应当立即查处，并为举报人员保密，对举报有功人员给予奖励。

第九条 国家鼓励民用爆炸物品从业单位采用提高民用爆炸物品安全性能的新技术，鼓励发展民用爆炸物品生产、配送、爆破作业一体化的经营模式。

第二章 生　　产

第十条 设立民用爆炸物品生产企业，应当遵循统筹规划、合理布局的原则。

第十一条 申请从事民用爆炸物品生产的企业，应当具备下列条件：

（一）符合国家产业结构规划和产业技术标准；

（二）厂房和专用仓库的设计、结构、建筑材料、安全距离以及防火、防爆、防雷、防静电等安全设备、设施符合国家有关标准和规范；

（三）生产设备、工艺符合有关安全生产的技术标准和规程；

（四）有具备相应资格的专业技术人员、安全生产管理人员和生产岗位人员；

（五）有健全的安全管理制度、岗位安全责任制度；

（六）法律、行政法规规定的其他条件。

第十二条 申请从事民用爆炸物品生产的企业，应当向国务院国防科技工业主管部门提交申请书、可行性研究报告以及能够证明其符合本条例第十一条规定条件的有关材料。国务院国防科技工业主管部门应当自受理申请之日起45日内进行审查，对符合条件的，核发《民用爆炸物品生产许可证》；对不符合条件的，不予核发《民用爆炸物品生产许可证》，书面向申请人说明理由。

民用爆炸物品生产企业为调整生产能力及品种进行改建、扩建的，应当依照前款规定申请办理《民用爆炸物品生产许可证》。

第十三条 取得《民用爆炸物品生产许可证》的企业应当在基本建设完成后，向国务院国防科技工业主管部门申请安全生产许可。国务院国防科技工业主管部门应当依照《安全生产许可证条例》的规定对其进行查验，对符合条件的，在《民用爆炸物品生产许可证》上标注安全生产许可。民用爆炸物品生产企业持经标注安全生产许可的《民用爆炸物品生产许可证》到工商行政管理部门办理工商登记后，方可生产民用爆炸物品。

民用爆炸物品生产企业应当在办理工商登记后 3 日内，向所在地县级人民政府公安机关备案。

第十四条 民用爆炸物品生产企业应当严格按照《民用爆炸物品生产许可证》核定的品种和产量进行生产，生产作业应当严格执行安全技术规程的规定。

第十五条 民用爆炸物品生产企业应当对民用爆炸物品做出警示标识、登记标识，对雷管编码打号。民用爆炸物品警示标识、登记标识和雷管编码规则，由国务院公安部门会同国务院国防科技工业主管部门规定。

第十六条 民用爆炸物品生产企业应当建立健全产品检验制度，保证民用爆炸物品的质量符合相关标准。民用爆炸物品的包装，应当符合法律、行政法规的规定以及相关标准。

第十七条 试验或者试制民用爆炸物品，必须在专门场地或者专门的试验室进行。严禁在生产车间或者仓库内试验或者试制民用爆炸物品。

第三章　销售和购买

第十八条 申请从事民用爆炸物品销售的企业，应当具备下列条件：

（一）符合对民用爆炸物品销售企业规划的要求；
（二）销售场所和专用仓库符合国家有关标准和规范；
（三）有具备相应资格的安全管理人员、仓库管理人员；
（四）有健全的安全管理制度、岗位安全责任制度；
（五）法律、行政法规规定的其他条件。

第十九条 申请从事民用爆炸物品销售的企业，应当向所在地省、自治区、直辖市人民政府国防科技工业主管部门提交申请书、可行性研究报告以及能够证明其符合本条例第十八条规定条件的有关材料。省、自治区、直辖市人民政府国防科技工业主管部门应当自受理申请之日起 30 日内进行审查，并对申请单位的销售场所和专用仓库等经营设施进行查验，对符合条件的，核发《民用爆炸物品销售许可证》；对不符合条件的，不予核发《民用爆炸物品销售许可证》，书面向申请人说明理由。

民用爆炸物品销售企业持《民用爆炸物品销售许可证》到工商行政管理部门办理工商登记后，方可销售民用爆炸物品。

民用爆炸物品销售企业应当在办理工商登记后3日内，向所在地县级人民政府公安机关备案。

第二十条　民用爆炸物品生产企业凭《民用爆炸物品生产许可证》，可以销售本企业生产的民用爆炸物品。

民用爆炸物品生产企业销售本企业生产的民用爆炸物品，不得超出核定的品种、产量。

第二十一条　民用爆炸物品使用单位申请购买民用爆炸物品的，应当向所在地县级人民政府公安机关提出购买申请，并提交下列有关材料：

（一）工商营业执照或者事业单位法人证书；

（二）《爆破作业单位许可证》或者其他合法使用的证明；

（三）购买单位的名称、地址、银行账户；

（四）购买的品种、数量和用途说明。

受理申请的公安机关应当自受理申请之日起5日内对提交的有关材料进行审查，对符合条件的，核发《民用爆炸物品购买许可证》；对不符合条件的，不予核发《民用爆炸物品购买许可证》，书面向申请人说明理由。

《民用爆炸物品购买许可证》应当载明许可购买的品种、数量、购买单位以及许可的有效期限。

第二十二条　民用爆炸物品生产企业凭《民用爆炸物品生产许可证》购买属于民用爆炸物品的原料，民用爆炸物品销售企业凭《民用爆炸物品销售许可证》向民用爆炸物品生产企业购买民用爆炸物品，民用爆炸物品使用单位凭《民用爆炸物品购买许可证》购买民用爆炸物品，还应当提供经办人的身份证明。

销售民用爆炸物品的企业，应当查验前款规定的许可证和经办人的身份证明；对持《民用爆炸物品购买许可证》购买的，应当按照许可的品种、数量销售。

第二十三条　销售、购买民用爆炸物品，应当通过银行账户进行交易，不得使用现金或者实物进行交易。

销售民用爆炸物品的企业，应当将购买单位的许可证、银行账户转账凭证、经办人的身份证明复印件保存 2 年备查。

第二十四条　销售民用爆炸物品的企业，应当自民用爆炸物品买卖成交之日起 3 日内，将销售的品种、数量和购买单位向所在地省、自治区、直辖市人民政府国防科技工业主管部门和所在地县级人民政府公安机关备案。

购买民用爆炸物品的单位，应当自民用爆炸物品买卖成交之日起 3 日内，将购买的品种、数量向所在地县级人民政府公安机关备案。

第二十五条　进出口民用爆炸物品，应当经国务院国防科技工业主管部门审批。进出口民用爆炸物品审批办法，由国务院国防科技工业主管部门会同国务院公安部门、海关总署规定。

进出口单位应当将进出口的民用爆炸物品的品种、数量向收货地或者出境口岸所在地县级人民政府公安机关备案。

第四章　运　　输

第二十六条　运输民用爆炸物品，收货单位应当向运达地县级人民政府公安机关提出申请，并提交包括下列内容的材料：

（一）民用爆炸物品生产企业、销售企业、使用单位以及进出口单位分别提供的《民用爆炸物品生产许可证》、《民用爆炸物品销售许可证》、《民用爆炸物品购买许可证》或者进出口批准证明；

（二）运输民用爆炸物品的品种、数量、包装材料和包装方式；

（三）运输民用爆炸物品的特性、出现险情的应急处置方法；

（四）运输时间、起始地点、运输路线、经停地点。

受理申请的公安机关应当自受理申请之日起 3 日内对提交的有关材料进行审查，对符合条件的，核发《民用爆炸物品运输许可证》；对不符合条件的，不予核发《民用爆炸物品运输许可证》，书面向申请人说明理由。

《民用爆炸物品运输许可证》应当载明收货单位、销售企业、承运人，一次性运输有效期限、起始地点、运输路线、经停地点，民用爆炸物品的品种、数量。

第二十七条　运输民用爆炸物品的，应当凭《民用爆炸物品运输许可证》，按照许可的品种、数量运输。

第二十八条　经由道路运输民用爆炸物品的，应当遵守下列规定：

（一）携带《民用爆炸物品运输许可证》；

（二）民用爆炸物品的装载符合国家有关标准和规范，车厢内不得载人；

（三）运输车辆安全技术状况应当符合国家有关安全技术标准的要求，并按照规定悬挂或者安装符合国家标准的易燃易爆危险物品警示标志；

（四）运输民用爆炸物品的车辆应当保持安全车速；

（五）按照规定的路线行驶，途中经停应当有专人看守，并远离建筑设施和人口稠密的地方，不得在许可以外的地点经停；

（六）按照安全操作规程装卸民用爆炸物品，并在装卸现场设置警戒，禁止无关人员进入；

（七）出现危险情况立即采取必要的应急处置措施，并报告当地公安机关。

第二十九条　民用爆炸物品运达目的地，收货单位应当进行验收后在《民用爆炸物品运输许可证》上签注，并在3日内将《民用爆炸物品运输许可证》交回发证机关核销。

第三十条　禁止携带民用爆炸物品搭乘公共交通工具或者进入公共场所。

禁止邮寄民用爆炸物品，禁止在托运的货物、行李、包裹、邮件中夹带民用爆炸物品。

第五章　爆破作业

第三十一条　申请从事爆破作业的单位，应当具备下列条件：

（一）爆破作业属于合法的生产活动；

（二）有符合国家有关标准和规范的民用爆炸物品专用仓库；

（三）有具备相应资格的安全管理人员、仓库管理人员和具备国家规定执业资格的爆破作业人员；

（四）有健全的安全管理制度、岗位安全责任制度；

（五）有符合国家标准、行业标准的爆破作业专用设备；

（六）法律、行政法规规定的其他条件。

第三十二条 申请从事爆破作业的单位，应当按照国务院公安部门的规定，向有关人民政府公安机关提出申请，并提供能够证明其符合本条例第三十一条规定条件的有关材料。受理申请的公安机关应当自受理申请之日起 20 日内进行审查，对符合条件的，核发《爆破作业单位许可证》；对不符合条件的，不予核发《爆破作业单位许可证》，书面向申请人说明理由。

营业性爆破作业单位持《爆破作业单位许可证》到工商行政管理部门办理工商登记后，方可从事营业性爆破作业活动。

爆破作业单位应当在办理工商登记后 3 日内，向所在地县级人民政府公安机关备案。

第三十三条 爆破作业单位应当对本单位的爆破作业人员、安全管理人员、仓库管理人员进行专业技术培训。爆破作业人员应当经设区的市级人民政府公安机关考核合格，取得《爆破作业人员许可证》后，方可从事爆破作业。

第三十四条 爆破作业单位应当按照其资质等级承接爆破作业项目，爆破作业人员应当按照其资格等级从事爆破作业。爆破作业的分级管理办法由国务院公安部门规定。

第三十五条 在城市、风景名胜区和重要工程设施附近实施爆破作业的，应当向爆破作业所在地设区的市级人民政府公安机关提出申请，提交《爆破作业单位许可证》和具有相应资质的安全评估企业出具的爆破设计、施工方案评估报告。受理申请的公安机关应当自受理申请之日起 20 日内对提交的有关材料进行审查，对符合条件的，作出批准的决定；对不符合条件的，作出不予批准的决定，并书面向申请人说明理由。

实施前款规定的爆破作业，应当由具有相应资质的安全监理企业进行监理，由爆破作业所在地县级人民政府公安机关负责组织实施安全警戒。

第三十六条 爆破作业单位跨省、自治区、直辖市行政区域从事爆破作业的，应当事先将爆破作业项目的有关情况向爆破作业所在地县级人民政府公安机关报告。

第三十七条　爆破作业单位应当如实记载领取、发放民用爆炸物品的品种、数量、编号以及领取、发放人员姓名。领取民用爆炸物品的数量不得超过当班用量，作业后剩余的民用爆炸物品必须当班清退回库。

爆破作业单位应当将领取、发放民用爆炸物品的原始记录保存2年备查。

第三十八条　实施爆破作业，应当遵守国家有关标准和规范，在安全距离以外设置警示标志并安排警戒人员，防止无关人员进入；爆破作业结束后应当及时检查、排除未引爆的民用爆炸物品。

第三十九条　爆破作业单位不再使用民用爆炸物品时，应当将剩余的民用爆炸物品登记造册，报所在地县级人民政府公安机关组织监督销毁。

发现、拣拾无主民用爆炸物品的，应当立即报告当地公安机关。

第六章　储　　存

第四十条　民用爆炸物品应当储存在专用仓库内，并按照国家规定设置技术防范设施。

第四十一条　储存民用爆炸物品应当遵守下列规定：

（一）建立出入库检查、登记制度，收存和发放民用爆炸物品必须进行登记，做到账目清楚，账物相符；

（二）储存的民用爆炸物品数量不得超过储存设计容量，对性质相抵触的民用爆炸物品必须分库储存，严禁在库房内存放其他物品；

（三）专用仓库应当指定专人管理、看护，严禁无关人员进入仓库区内，严禁在仓库区内吸烟和用火，严禁把其他容易引起燃烧、爆炸的物品带入仓库区内，严禁在库房内住宿和进行其他活动；

（四）民用爆炸物品丢失、被盗、被抢，应当立即报告当地公安机关。

第四十二条　在爆破作业现场临时存放民用爆炸物品的，应当具备临时存放民用爆炸物品的条件，并设专人管理、看护，不得在不具备安全存放条件的场所存放民用爆炸物品。

第四十三条　民用爆炸物品变质和过期失效的，应当及时清理出库，并予以销毁。销毁前应当登记造册，提出销毁实施方案，报省、自治区、直辖市人民政府国防科技工业主管部门、所在地县级人民政府公安机关组织监督销毁。

第七章 法律责任

第四十四条 非法制造、买卖、运输、储存民用爆炸物品，构成犯罪的，依法追究刑事责任；尚不构成犯罪，有违反治安管理行为的，依法给予治安管理处罚。

违反本条例规定，在生产、储存、运输、使用民用爆炸物品中发生重大事故，造成严重后果或者后果特别严重，构成犯罪的，依法追究刑事责任。

违反本条例规定，未经许可生产、销售民用爆炸物品的，由国防科技工业主管部门责令停止非法生产、销售活动，处 10 万元以上 50 万元以下的罚款，并没收非法生产、销售的民用爆炸物品及其违法所得。

违反本条例规定，未经许可购买、运输民用爆炸物品或者从事爆破作业的，由公安机关责令停止非法购买、运输、爆破作业活动，处 5 万元以上 20 万元以下的罚款，并没收非法购买、运输以及从事爆破作业使用的民用爆炸物品及其违法所得。

国防科技工业主管部门、公安机关对没收的非法民用爆炸物品，应当组织销毁。

第四十五条 违反本条例规定，生产、销售民用爆炸物品的企业有下列行为之一的，由国防科技工业主管部门责令限期改正，处 10 万元以上 50 万元以下的罚款；逾期不改正的，责令停产停业整顿；情节严重的，吊销《民用爆炸物品生产许可证》或者《民用爆炸物品销售许可证》：

（一）超出生产许可的品种、产量进行生产、销售的；

（二）违反安全技术规程生产作业的；

（三）民用爆炸物品的质量不符合相关标准的；

（四）民用爆炸物品的包装不符合法律、行政法规的规定以及相关标准的；

（五）超出购买许可的品种、数量销售民用爆炸物品的；

（六）向没有《民用爆炸物品生产许可证》、《民用爆炸物品销售许可证》、《民用爆炸物品购买许可证》的单位销售民用爆炸物品的；

（七）民用爆炸物品生产企业销售本企业生产的民用爆炸物品未按照规定向国防科技工业主管部门备案的；

（八）未经审批进出口民用爆炸物品的。

第四十六条 违反本条例规定，有下列情形之一的，由公安机关责令限期改正，处 5 万元以上 20 万元以下的罚款；逾期不改正的，责令停产停业整顿：

（一）未按照规定对民用爆炸物品做出警示标识、登记标识或者未对雷管编码打号的；

（二）超出购买许可的品种、数量购买民用爆炸物品的；

（三）使用现金或者实物进行民用爆炸物品交易的；

（四）未按照规定保存购买单位的许可证、银行账户转账凭证、经办人的身份证明复印件的；

（五）销售、购买、进出口民用爆炸物品，未按照规定向公安机关备案的；

（六）未按照规定建立民用爆炸物品登记制度，如实将本单位生产、销售、购买、运输、储存、使用民用爆炸物品的品种、数量和流向信息输入计算机系统的；

（七）未按照规定将《民用爆炸物品运输许可证》交回发证机关核销的。

第四十七条 违反本条例规定，经由道路运输民用爆炸物品，有下列情形之一的，由公安机关责令改正，处 5 万元以上 20 万元以下的罚款：

（一）违反运输许可事项的；

（二）未携带《民用爆炸物品运输许可证》的；

（三）违反有关标准和规范混装民用爆炸物品的；

（四）运输车辆未按照规定悬挂或者安装符合国家标准的易燃易爆危险物品警示标志的；

（五）未按照规定的路线行驶，途中经停没有专人看守或者在许可以外的地点经停的；

（六）装载民用爆炸物品的车厢载人的；

（七）出现危险情况未立即采取必要的应急处置措施、报告当地公安机关的。

第四十八条 违反本条例规定，从事爆破作业的单位有下列情形之一的，由公安机关责令停止违法行为或者限期改正，处 10 万元以上 50 万元以下的罚款；逾期不改正的，责令停产停业整顿；情节严重的，吊销《爆破作业单位许可证》：

（一）爆破作业单位未按照其资质等级从事爆破作业的；

（二）营业性爆破作业单位跨省、自治区、直辖市行政区域实施爆破作业，未按照规定事先向爆破作业所在地的县级人民政府公安机关报告的；

（三）爆破作业单位未按照规定建立民用爆炸物品领取登记制度、保存领取登记记录的；

（四）违反国家有关标准和规范实施爆破作业的。

爆破作业人员违反国家有关标准和规范的规定实施爆破作业的，由公安机关责令限期改正，情节严重的，吊销《爆破作业人员许可证》。

第四十九条 违反本条例规定，有下列情形之一的，由国防科技工业主管部门、公安机关按照职责责令限期改正，可以并处 5 万元以上 20 万元以下的罚款；逾期不改正的，责令停产停业整顿；情节严重的，吊销许可证：

（一）未按照规定在专用仓库设置技术防范设施的；

（二）未按照规定建立出入库检查、登记制度或者收存和发放民用爆炸物品，致使账物不符的；

（三）超量储存、在非专用仓库储存或者违反储存标准和规范储存民用爆炸物品的；

（四）有本条例规定的其他违反民用爆炸物品储存管理规定行为的。

第五十条 违反本条例规定，民用爆炸物品从业单位有下列情形之一的，由公安机关处 2 万元以上 10 万元以下的罚款；情节严重的，吊销其许可证；有违反治安管理行为的，依法给予治安管理处罚：

（一）违反安全管理制度，致使民用爆炸物品丢失、被盗、被抢的；

（二）民用爆炸物品丢失、被盗、被抢，未按照规定向当地公安机关报告或者故意隐瞒不报的；

（三）转让、出借、转借、抵押、赠送民用爆炸物品的。

第五十一条 违反本条例规定，携带民用爆炸物品搭乘公共交通工具或者进入公共场所，邮寄或者在托运的货物、行李、包裹、邮件中夹带民用爆炸物品，构成犯罪的，依法追究刑事责任；尚不构成犯罪的，由公安机关依法给予治安管理处罚，没收非法的民用爆炸物品，处1000元以上1万元以下的罚款。

第五十二条 民用爆炸物品从业单位的主要负责人未履行本条例规定的安全管理责任，导致发生重大伤亡事故或者造成其他严重后果，构成犯罪的，依法追究刑事责任；尚不构成犯罪的，对主要负责人给予撤职处分，对个人经营的投资人处2万元以上20万元以下的罚款。

第五十三条 国防科技工业主管部门、公安机关、工商行政管理部门的工作人员，在民用爆炸物品安全监督管理工作中滥用职权、玩忽职守或者徇私舞弊，构成犯罪的，依法追究刑事责任；尚不构成犯罪的，依法给予行政处分。

第八章 附　　则

第五十四条 《民用爆炸物品生产许可证》、《民用爆炸物品销售许可证》，由国务院国防科技工业主管部门规定式样；《民用爆炸物品购买许可证》、《民用爆炸物品运输许可证》、《爆破作业单位许可证》、《爆破作业人员许可证》，由国务院公安部门规定式样。

第五十五条 本条例自2006年9月1日起施行。1984年1月6日国务院发布的《中华人民共和国民用爆炸物品管理条例》同时废止。

附录六　中国民用航空货物国内运输规则

中国民用航空总局令
第 50 号

《中国民用航空货物国内运输规则》已经 1996 年 2 月 29 日中国民用航空总局局务会议通过，现予公布，自 1996 年 3 月 1 日起施行。

局　长　陈光毅

一九九六年三月一日

第一章　总　则

第一条　为了加强航空货物运输的管理，维护正常的航空运输秩序，根据中华人民共和国民用航空法的规定，制定本规则。

本规则适用于出发地、约定的经停地和目的地均在中华人民共和国境内的民用航空货物运输。

第二条　承运人应当按照保证重点、照顾一般、合理运输的原则，安全、迅速、准确、经济地组织货物运输，体现人民航空为人民的宗旨。

第三条　本规则中下列用语，除具体条文中另有规定者外，含义如下：

（一）"承运人"是指包括接受托运人填开的航空货运单或者保存货物记录的航空承运人和运送或者从事承运货物或者提供该运输的任何其他服务的所有航空承运人。

（二）"代理人"是指在航空货物运输中，经授权代表承运人的任何人。

（三）"托运人"是指为货物运输与承运人订立合同，并在航空货运单或者货物记录上署名的人。

（四）"收货人"是指承运人按照航空货运单或者货物运输记录上所列名称而交付货物的人。

（五）"托运书"是指托运人办理货物托运时填写的书面文件，是据以填开航空货运单的凭据。

（六）"航空货运单"是指托运人或者托运人委托承运人填制的，是托运人和承运人之间为在承运人的航线上承运货物所订立合同的证据。

第二章　货物托运

第四条　托运货物凭本人居民身份证或者其它有效身份证件，填写货物托运书，向承运人或其代理人办理托运手续。如承运人或其代理人要求出具单位介绍信或其它有效证明时，托运人也应予提供。托运政府规定限制运输的货物以及需向公安、检疫等有关政府部门办理手续的货物，应当随附有效证明。

货物托运书的填写及基本内容：

（一）托运人应当认真填写，对托运书内容的真实性、准确性负责，并在托运书上签字或者盖章。

（二）货物托运书的基本内容：

1. 货物托运人和收货人的具体单位或者个人的全称及详细地址、电话、邮政编码；

2. 货物品名；

3. 货物件数、包装方式及标志；

4. 货物实际价值；

5. 货物声明价值；

6. 普货运输或者急件运输；

7. 货物特性、储运及其它说明。

（三）运输条件不同或者因货物性质不能在一起运输的货物，应当分别填写托运书。

第五条　货物包装应当保证货物在运输过程中不致损坏、散失、渗漏，不致损坏和污染飞机设备或者其它物品。

托运人应当根据货物性质及重量、运输环境条件和承运人的要求，采用适当的内、外包装材料和包装形式，妥善包装。精密、易碎、怕震、怕压、不可倒置的货物，必须有相适应的防止货物损坏的包装措施。

严禁使用草袋包装或草绳捆扎。

货物包装内不准夹带禁止运输或者限制运输的物品、危险品、贵重物品、保密文件和资料等。

第六条　托运人应当在每件货物外包装上标明出发站、到达站和托运人、收货人的单位、姓名及详细地址等。托运人应当根据货物性质，按国家标准规定的式样，在货物外包装上张贴航空运输指示标贴。

托运人使用旧包装时，必须除掉原包装上的残旧标志和标贴。托运人托运每件货物，应当按规定粘贴或者拴挂承运人的货物运输标签。

第七条　货物重量按毛重计算，计量单位为公斤。重量不足 1 公斤的尾数四舍五入。每张航空货运单的货物重量不足 1 公斤时，按 1 公斤计算。贵重物品按实际毛重计算，计算单位为 0.1 公斤。

非宽体飞机载运的货物，每件货物重量一般不超过 80 公斤，体积一般不超过 40×60×100 厘米。宽体飞机载运的货物，每件货物重量一般不超过 250 公斤，体积一般不超过 100×100×140 厘米。超过以上重量和体积的货物，承运人可依据机型及出发地和目的地机场的装卸设备条件，确定可收运货物的最大重量和体积。

每件货物的长、宽、高之和不得小于 40 厘米。每公斤货物体积超过 6000 立方厘米的，为轻泡货物。轻泡货物以每 6000 立方厘米折合 1 公斤计重。

第八条　托运人托运的货物，毛重每公斤价值在人民币 20 元以上的，可办理货物声明价值，按规定交纳声明价值附加费。每张货运单的声明价值一般不超过人民币 50 万元。已办理托运手续的货物要求变更时，声明价值附加费不退。

第三章　货物承运

第一节　货物收运

第九条　承运人应当根据运输能力，按货物的性质和急缓程度，有计划地收运货物。批量大和有特定条件及时间要求的联程货物，承运人必须事先安排好联程中转舱位后方可收运。遇有特殊情况，如政府法令、自然灾害、停航或者货物严重积压时，承运人可暂停收运货物。凡是国家法律、法规和有关规定禁止运输的物品，严禁收运。凡是限制运输的物品，应符合规定的手续和条件后，方可收运。需经主管部门查验、检疫和办理手续的货物，在手续未办妥之前不得收运。

　　第十条　承运人收运货物时，应当查验托运人的有效身份证件。凡国家限制运输的物品，必须查验国家有关部门出具的准许运输的有效凭证。承运人应当检查托运人托运货物的包装，不符合航空运输要求的货物包装，须经托运人改善包装后方可办理收运。承运人对托运人托运货物的内包装是否符合要求，不承担检查责任。承运人对收运的货物应当进行安全检查。对收运后24小时内装机运输的货物，一律实行开箱检查或者通过安检仪器检测。

　　第十一条　航空货运单（下称货运单）应当由托运人填写，连同货物交给承运人。如承运人依据托运人提供的托运书填写货运单并经托运人签字，则该货运单应当视为代托运人填写。托运人应当对货运单上所填关于货物的说明或声明的正确性负责。货运单一式八份，其中正本三份、副本五份。正本三份为：第一份交承运人，由托运人签字或盖章；第二份交收货人，由托运人和承运人签字或盖章；第三份交托运人，由承运人接受货物后签字盖章。三份具有同等效力。承运人可根据需要增加副本。货运单的承运人联应当自填开货运单次日起保存两年。

　　货运单的基本内容包括：

　　（一）填单地点和日期；

　　（二）出发地点和目的地点；

　　（三）第一承运人的名称、地址；

　　（四）托运人的名称、地址；

　　（五）收货人的名称、地址；

　　（六）货物品名、性质；

　　（七）货物的包装方式、件数；

　　（八）货物的重量、体积或尺寸；

　　（九）计费项目及付款方式；

（十）运输说明事项；

（十一）托运人的声明。

第二节　货物运送

第十二条　需办理急件运输的货物，托运人应当在货运单上注明发运日期和航班，承运人应当按指定的日期和航班运出。需办理联程急件货物，承运人必须征得联程站同意后方可办理。限定时间运输的货物，由托运人与承运人约定运抵日期并在货运单上注明。承运人应当在约定的期限内将货物运抵目的地。

承运人应当按本章第十三条的发运顺序尽快将货物运抵目的地。

第十三条　根据货物的性质，承运人应当按下列顺序发运：

（一）抢险、救灾、急救、外交信袋和政府指定急运的物品；

（二）指定日期、航班和按急件收运的货物；

（三）有时限、贵重和零星小件物品；

（四）国际和国内中转联程货物；

（五）一般货物按照收运的先后顺序发运。

第十四条　承运人应当建立舱位控制制度，根据每天可利用的空运舱位合理配载，避免舱位浪费或者货物积压。承运人应当按照合理或经济的原则选择运输路线，避免货物的迂回运输。承运人运送特种货物，应当建立机长通知单制度。

第十五条　承运人对承运的货物应当精心组织装卸作业，轻拿轻放，严格按照货物包装上的储运指示标志作业，防止货物损坏。

承运人应当按装机单、卸机单准确装卸货物，保证飞行安全。

承运人应当建立健全监装、监卸制度。货物装卸应当有专职人员对作业现场实施监督检查。在运输过程中发现货物包装破损无法续运时，承运人应当做好运输记录，通知托运人或收货人，征求处理意见。

托运人托运的特种货物、超限货物，承运人装卸有困难时，可商托运人或收货人提供必要的装卸设备和人力。

第十六条　承运人应当根据进出港货物运输量及货物特性，分别建立普通货物及贵重物品、鲜活物品、危险物品等货物仓库。

货物仓库应当建立健全保管制度，严格交接手续；库内货物应当合理码放、定期清仓；做好防火、防盗、防鼠、防水、防冻等工作，保证进出库货物准确完整。

第十七条　货物托运后，托运人或收货人可在出发地或目的地向承运人或其代理人查询货物的运输情况，查询时应当出示货运单或提供货运单号码、出发地、目的地、货物名称、件数、重量、托运日期等内容。承运人或其代理人对托运人或收货人的查询应当及时给予答复。

第三节　货物到达和交付

第十八条　货物运至到达站后，除另有约定外，承运人或其代理人应当及时向收货人发出到货通知。通知包括电话和书面两种形式。急件货物的到货通知应当在货物到达后两小时内发出，普通货物应当在 24 小时内发出。自发出到货通知的次日起，货物免费保管 3 日。逾期提取，承运人或其代理人按规定核收保管费。货物被检查机关扣留或因违章等待处理存放在承运人仓库内，由收货人或托运人承担保管费和其它有关费用。动物、鲜活易腐物品及其它指定日期和航班运输的货物，托运人应当负责通知收货人在到达站机场等候提取。

第十九条　收货人凭到货通知单和本人居民身份证或其它有效身份证件提货；委托他人提货时，凭到货通知单和货运单指定的收货人及提货人的居民身份证或其它有效身份证件提货。如承运人或其代理人要求出具单位介绍信或其它有效证明时，收货人应予提供。

承运人应当按货运单列明的货物件数清点后交付收货人。发现货物短缺、损坏时，应当会同收货人当场查验，必要时填写货物运输事故记录，并由双方签字或盖章。收货人提货时，对货物外包装状态或重量如有异议，应当场提出查验或者重新过秤核对。收货人提取货物后并在货运单上签收而未提出异议，则视为货物已经完好交付。

第二十条　托运人托运的货物与货运单上所列品名不符或在货物中夹带政府禁止运输或限制运输的物品和危险物品时，承运人应当按下列规定处理：

（一）在出发站停止发运，通知托运人提取，运费不退。

（二）在中转站停止运送，通知托运人，运费不退，并对品名不符的货件，按照实际运送航段另核收运费。

（三）在到达站，对品名不符的货件，另核收全程运费。

第二十一条　货物自发出到货通知的次日起 14 日无人提取，到达站应当通知始发站，征求托运人对货物的处理意见；满 60 日无人提取又未收到托运人的处理意见时，按无法交付货物处理。

对无法交付货物，应当做好清点、登记和保管工作。凡属国家禁止和限制运输物品、贵重物品及珍贵文史资料等货物应当无价移交国家主管部门处理；凡属一般的生产、生活资料应当作价移交有关物资部门或商业部门；凡属鲜活、易腐或保管有困难的物品可由承运人酌情处理。如作毁弃处理，所产生的费用由托运人承担。经作价处理的货款，应当及时交承运人财务部门保管。从处理之日起 90 日内，如有托运人或收货人认领，扣除该货的保管费和处理费后的余款退给认领人；如 90 日后仍无人认领，应当将货款上交国库。对于无法交付货物的处理结果，应当通过始发站通知托运人。

第四节　货物运输变更

第二十二条　托运人对已办妥运输手续的货物要求变更时，应当提供原托运人出具的书面要求、个人有效证件和货运单托运人联。

要求变更运输的货物，应是一张货运单填写的全部货物。运输变更应当符合本规则的有关规定，否则承运人有权不予办理。

第二十三条　承运人应当及时处理托运人的变更要求，根据变更要求，更改或重开货运单，重新核收运费。如果不能按照要求办理时，应当迅速通知托运人。在运送货物前取消托运，承运人可以收取退运手续费。

第二十四条　由于承运人执行特殊任务或天气等不可抗力的原因，货物运输受到影响，需要变更运输时，承运人应当及时通知托运人或收货人，商定处理办法。

承运人应当按照下列规定处理运输费用：

（一）在出发站退运货物，退还全部运费。

（二）在中途站变更到达站，退还未使用航段的运费，另核收由变更站至新到达站的运费。

（三）在中途站将货物运至原出发站，退还全部运费。

（四）在中途站改用其他交通工具将货物运至目的站，超额费用由承运人承担。

第五节　货物运输费用

　　第二十五条　货物运价是出发地机场至目的地机场之间的航空运输价格，不包括机场与市区间的地面运输费及其它费用。贵重物品、动物、鲜活易腐物品、危险物品、灵柩、骨灰、纸型以及特快专递、急件货物等按普通货物运价的 150% 计收运费。声明价值附加费的计算方法为：〔声明价值－（实际重量×20）〕×0.5%。

　　第二十六条　承运人可以收取地面运输费、退运手续费和保管费等货运杂费。

　　第二十七条　托运人应按国家规定的货币和付款方式交付货物运费，除承运人与托运人另有协议者外，运费一律现付。

第四章　特种货物运输

　　特种货物运输，除应当符合普通货物运输的规定外，应当同时遵守下列相应的特殊要求：

　　第二十八条　托运人要求急运的货物，经承运人同意，可以办理急件运输，并按规定收取急件运费。

　　第二十九条　凡对人体、动植物有害的菌种、带菌培养基等微生物制品，非经民航总局特殊批准不得承运。凡经人工制造、提炼，进行无菌处理的疫苗、菌苗、抗菌素、血清等生物制品，如托运人提供无菌、无毒证明可按普货承运。微生物及有害生物制品的仓储、运输应当远离食品。

　　第三十条　植物和植物产品运输须凭托运人所在地县级（含）以上的植物检疫部门出具的有效"植物检疫证书"。

　　第三十一条　骨灰应当装在封闭的塑料袋或其它密封容器内，外加木盒，最外层用布包装。灵柩托运的条件：

　　（一）托运人应当凭医院出具的死亡证明及有关部门出具的准运证明，并事先与承运人联系约定；

　　（二）尸体无传染性；

　　（三）尸体经过防腐处理，并在防腐期限以内；

　　（四）尸体以铁质棺材或木质棺材为内包装，外加铁皮箱和便于装卸的环扣。棺内敷设木屑或木炭等吸附材料，棺材应当无漏缝并经过钉牢或焊封，确保气味及液体不致外溢；

（五）在办理托运时，托运人须提供殡葬部门出具的入殓证明。

第三十二条　危险货物的运输必须遵守中国民用航空总局有关危险货物航空安全运输的管理规定。

第三十三条　动物运输必须符合国家有关规定，并出具当地县级（含）以上检疫部门的免疫注射证明和检疫证明书；托运属于国家保护的动物，还需出具有关部门准运证明；托运属于市场管理范围的动物要有市场管理部门的证明。托运人托运动物，应当事先与承运人联系并定妥舱位。办理托运手续时，须填写活体动物运输托运申明书。需专门护理和喂养或者批量大的动物，应当派人押运。动物的包装，既要便于装卸又需适合动物特性和空运的要求，能防止动物破坏、逃逸和接触外界，底部有防止粪便外溢的措施，保证通风，防止动物窒息。动物的外包装上应当标明照料和运输的注意事项。托运人和收货人应当在机场交运和提取动物，并负责动物在运输前和到达后的保管。

有特殊要求的动物装舱，托运人应当向承运人说明注意事项或在现场进行指导。承运人应当将动物装在适合载运动物的飞机舱内。动物在运输过程中死亡，除承运人的过错外，承运人不承担责任。

第三十四条　托运人托运鲜活易腐物品，应当提供最长允许运输时限和运输注意事项，定妥舱位，按约定时间送机场办理托运手续。

政府规定需要进行检疫的鲜活易腐物品，应当出具有关部门的检疫证明。包装要适合鲜活易腐物品的特性，不致污染、损坏飞机和其它货物。客运班机不得装载有不良气味的鲜活易腐物品。需要特殊照料的鲜活易腐物品，应由托运人自备必要的设施，必要时由托运人派人押运。鲜活易腐物品在运输、仓储过程中，承运人因采取防护措施所发生的费用，由托运人或收货人支付。

第三十五条　贵重物品包括：黄金、白金、铱、铑、钯等稀贵金属及其制品；各类宝石、玉器、钻石、珍珠及其制品；珍贵文物（包括书、画、古玩等）；现钞、有价证券以及毛重每公斤价值在人民币2000元以上的物品等。贵重物品应当用坚固、严密的包装箱包装，外加♯字型铁箍，接缝处必须有封志。

第三十六条　枪支、警械（简称枪械）是特种管制物品；弹药是特种管制的危险物品。托运时应当出具下列证明：

（一）托运人托运各类枪械、弹药必须出具出发地或运往县、市公安局核发的准运证或国家主管部委出具的许可证明；

（二）进出境各类枪支、弹药的国内运输必须出具边防检查站核发的携运证；枪械、弹药包装应当是出厂原包装，非出厂的原包装应当保证坚固、严密、有封志。枪械和弹药要分开包装。

枪械、弹药运输的全过程要严格交接手续。

第三十七条　根据货物的性质，在运输过程中需要专人照料、监护的货物，托运人应当派人押运，否则，承运人有权不予承运。押运货物需预先订妥舱位。押运员应当履行承运人对押运货物的要求并对货物的安全运输负责。押运员应当购买客票和办理乘机手续。托运人派人押运的货物损失，除证明是承运人的过失造成的以外，承运人不承担责任。经证明是由于承运人的过失造成的，按本规则第四十五条的有关条款赔偿。承运人应当协助押运员完成押运任务，并在押运货物包装上加贴"押运"标贴。在货运单储运注意事项栏内注明"押运"字样并写明押运的日期和航班号。

第五章　航空邮件及航空快递运输

第三十八条　航空邮件的托运和承运双方要相互协作、密切配合，按公布的航班计划和邮件路单安全、迅速、准确地组织运输。航空邮件应当按种类用完好的航空邮袋分袋封装，加挂"航空"标牌。

承运人对接收的航空邮政信函应当优先组织运输。航空邮件内不得夹带危险品及国家限制运输的物品。航空邮件应当进行安全检查。

航空邮件按运输时限的不同计收相应的运费。承运人运输邮件，仅对邮政企业承担责任。

第三十九条　航空快递企业要以本规则为依据，使用专用标志、包装。航空快递企业应当安全、快速、准确、优质的为货主提供服务，并按规定收取相应的服务费。发生违约行为时应当承担相应的经济责任。

第六章　货物包机、包舱运输

第四十条　申请包机，凭单位介绍信或个人有效身份证件与承运人联系协商包机运输条件，双方同意后签订包机合同。包机人与承运人应当履行包机合同规定的各自承担的责任和义务。包机人和承运人执行包机合同时，每架次货物包机应当填制托运书和货运单，作为包机的运输凭证。包机人和承运人可视货物的性质确定押运员、押运员凭包机合同办理机票并按规定办理乘机手续。

第四十一条　包用飞机的吨位，由包机人充分利用。承运人如需利用包机剩余吨位应当与包机人协商。

第四十二条　包机合同签订后，除天气或其它不可抗力的原因外，托运人和承运人均应当承担包机合同规定的经济责任。包机人提出变更包机前，承运人因执行包机任务已发生调机的有关费用应当由包机人承担。

第四十三条　包用飞机，承运人按包机双方协议收取费用。

第四十四条　申请包舱或包集装板（箱）的合同签订及双方应当承担的职责和义务参照包机的有关条款办理。

第七章　货物不正常运输的赔偿处理

第四十五条　由于承运人的原因造成货物丢失、短缺、变质、污染、损坏，应按照下列规定赔偿；

（一）货物没有办理声明价值的，承运人按照实际损失的价值进行赔偿，但赔偿最高限额为毛重每公斤人民币20元。

（二）已向承运人办理货物声明价值的货物，按声明的价值赔偿；如承运人证明托运人的声明价值高于货物的实际价值时，按实际损失赔偿。

第四十六条　超过货物运输合同约定期限运达的货物，承运人应当按照运输合同的约定进行赔偿。

第四十七条　托运人或收货人发现货物有丢失、短缺、变质、污染、损坏或延误到达情况，收货人应当场向承运人提出，承运人应当按规定填写运输事故记录并由双方签字或盖章。如有索赔要求，收货人或托运人应当于签发事故记录的次日起，按法定时限向承运人或其代理人提出索赔要求。向承运人提出赔偿要求时应当填写货物索赔单，并随附货运单、运输事故记录和能证明货物内容、价格的凭证或其它有效证明。超过法定索赔期限收货人或托运人未提出赔偿要求，则视为自动放弃索赔权利。

第四十八条　索赔要求一般在到达站处理。承运人对托运人或收货人提出的赔偿要求，应当在两个月内处理答复。不属于受理索赔的承运人接到索赔要求时，应当及时将索赔要求转交有关的承运人，并通知索赔人。

第八章　附则

第四十九条　本规则自 1996 年 3 月 1 日起施行。中国民用航空局 1985 年制定发布的《中国民用航空局货物国内运输规则》同时废止。关于《中国民用航空货物国内运输规则》的说明《中国民用航空货物国内运输规则》（以下简称《货规》）是在对民航局 1986 年 1 月 1 日发布实施的原规则进行修订的基础上制定的。随着我国经济体制的改革，尤其是民航的政企分开以及我国航空运输业的快速发展，原《货规》已不适应行业管理的需要。为落实民航总局提出的三年实现良性循环和跨入 21 世纪发展战略目标的要求，根据《中华人民共和国民用航空法》的规定，总结十多年来国内货运实践经验，并参照了华沙公约、海牙议定书等国际公约和通常做法，制定了《货规》。现就有关问题说明如下：

一、关于《货规》的结构变化

《货规》各章基本上是按货物运输流程的顺序编排的。原货规为 4 章 43 条，各章依次是：总则、货物运输、货物包机包舱运输、责任与赔偿。现《货规》共有 8 章 49 条。各章依次是：

总则；

货物托运；

货物承运；

特种货物运输；

航空邮件及航空快递运输；

货物包机、包舱运输；

货物不正常运输的赔偿处理；

附则。

修订后,《货规》结构更为合理,内容更加充实。

二、关于航空货运单

《货规》参照华沙公约和海牙议定书的规定对货运单做了较大修改:

1. 明确了货运单由正本和副本组成(第十一条)。即货运单正本一式三份:第一份交承运人,第二份交收货人,第三份交托运人,三份具有同等法律效力。货运单的副本根据业务需要增减,目前,暂定附本为五份。

2. 明确了货运单的填写责任为托运人,习惯上由承运人填写的货运单应视为代托运人填写。货运单由双方签字有效。

3. 明确了货运单基本内容。

三、《货规》增加了有关货物声明价值的规定

原货规只有航空货物运输险的规定,而没有声明价值的条款。国际惯例对价值高的货物有办理声明价值的规定,为此在《货规》中明确了托运人可以办理声明价值,并规定了托运人对声明价值附加费的计收方法(第二十五条)和有关赔偿的规定(第四十五条)。

四、《货规》增加了航空邮件及航空快递运输的规定

航空邮件运输自中国民航成立就有该项业务,但原货规没有相应的条款。《货规》根据《中华人民共和国民用航空法》,并按照国际惯例,规定了"承运人对接收的航空邮政信函应当优先组织运输"。这是因为目前国内的邮政信函和包裹混在一起,邮包的运量越来越大,给航空公司的运输组织造成很大的压力,为此要求对邮政信函与一般邮件的运输(第三十八条)加以区别。关于航空快递在我国尚处于开发阶段,发展潜力大,为此也提出了原则要求(第三十九条),并与邮件运输合成为一章。

五、关于特种货物运输

原货规对有特殊要求的货物所规定的品类较少,如微生物及其制品运输,骨灰、灵柩运输,枪支弹药等,现此种货物的运输已越来越多,为此在《货规》中予以说明并单独列为一章(第四章)加以规定,以便于运输管理。

六、关于运输费用

原货规有关货物的运输费用除航空运费外,对各项杂费均做了具体规定,没有体现出物价变化和地区差别的因素。《货规》对航空运费及货运

杂费根据财务司的意见只做了原则性规定。

七、关于货物不正常运输的赔偿处理

关于货物不正常运输的赔偿处理，基本是以国际惯例和国家有关法律法规相结合制定的，如：

1. 货物损失的赔偿。运输中发生货物损失时，华沙公约和海牙议定书是以限额赔偿和声明价值相结合进行处理。即对货物损失的赔偿以每公斤20美元为最高限额；已办理声明价值的则按所声明的价值作为赔偿依据。新货规采取限额赔偿和声明价值相结合的做法。即货物赔偿最高限额为每公斤人民币20元；办理声明价值的则以声明价值作为赔偿依据。

2. 赔偿要求的提出。《货规》规定，收货人或托运人对承运人有索赔要求时，应于签发运输事故记录的次日起，按法定时限向承运人或其代理人提出索赔要求。考虑国内的实际情况，为方便货主，《货规》明确索赔要求一般由到达站受理（第四十八条）。此外，《货规》还就单件货物的重量、体积（第七条）、机长通知单（第十四条）、监装监卸（第十五条）、无法交付货物的处理（第二十一条）、托运活体动物的声明要求（第三十三条）等做了相应的修改或充实。

附录七 中国民用航空货物国际运输规则

中国民用航空总局令

第 91 号

《中国民用航空货物国际运输规则》已经 2000 年 4 月 21 日中国民用航空总局局务会议通过,现予公布,自 2000 年 8 月 1 日起施行。

局　长　刘剑峰

二〇〇四年四月二十一日

第一章　总　则

第一条　为了加强对货物国际航空运输的管理,保护承运人、托运人和收货人的合法权益,维护正常的国际航空运输秩序,根据《中华人民共和国民用航空法》第九章公共航空运输的有关规定,制定本规则。

第二条　本规则适用于依照中华人民共和国法律设立的公共航空运输企业使用民用航空器运送货物而收取报酬的国际航空运输,也适用于公共航空运输企业(以下称承运人)使用民用航空器办理免费的货物国际航空运输。

第三条　本规则下列用语,除具体条款中另有规定外,含义如下:

(一)"公约",是指根据合同规定适用于该项运输的一九二九年十月十二日在华沙签订的《统一国际航空运输某些规则的公约》和《修改一九二九年十月十二日在华沙签订的统一国际航空运输某些规则的公约的议定书》。

(二)"承运人",是指包括发行航空货运单的承运人和运输货物、约定运输货物或者约定提供与此航空运输有关的任何其他服务的所有承运人。

（三）"代理人"，是指经承运人授权，代理承运人从事与货物运输有关活动的任何人，但本规则中另有规定的除外。

（四）"托运人"，是指与承运人订立货物运输合同，其名称出现在航空货运单托运人栏内的人。

（五）"收货人"，是指承运人将货物交给航空货运单收货人栏内所载明的人。

（六）"航空货运单"，是航空货物运输合同订立和运输条件以及承运人接受货物的初步证据。

（七）"货物"，是指除邮件或者凭"客票及行李票"运输的行李外，已由或者将由民用航空器运输的物品，包括凭航空货运单运输的行李。

第四条　承运人办理货物国际航空运输，应当遵守中华人民共和国以及运输过程中有关国家的法律和规定。

第五条　货物由包机运输的，应当由包机人与承运人签订包机合同，并在包机合同中列明适用的运价及其条件；未列明的，应当明确所适用于该包机合同的有关条件。

第二章　货物托运

第六条　托运人托运货物，应当遵守出发地、经停地和目的地国家的法律和规定。

第七条　托运人托运货物，应当填写或者由他人代为填写航空货运单（以下简称货运单）正本一式三份，连同货物交给承运人。运费和其他费用已经确定的，应当由承运人填入货运单。

货运单第一份注明"交承运人"，由托运人签字、盖章；第二份注明"交收货人"，由托运人和承运人签字、盖章；第三份由承运人在接收货物后签字、盖章，交给托运人。

承运人根据托运人的请求填写货运单的，在没有相反证据的情况下，应当视为代托运人填写。

托运的货物超过一个包装件的，承运人可以要求托运人分别填写货运单。

第八条　托运人在货运单上填写的内容有错误或者有遗漏的，经托运人授权，承运人可以予以更正或者补充，但不承担义务。

第九条　货运单上应当包括下列内容：

（一）填写的地点和日期；

（二）出发地点和目的地点；

（三）出发地点和目的地点均在中华人民共和国境内，而在境外有一个或者数个约定的经停地点的，至少注明一个经停地点；

（四）托运人的名称和地址；

（五）第一承运人的名称和地址；

（六）收货人的名称和地址；

（七）货物的性质；

（八）包装件数、包装方式、特殊标志或者号数；

（九）货物的重量、数量、体积或者尺寸；

（十）货物和包装的外表情况；

（十一）运费，如经议定，付费日期和地点及付费人；

（十二）提取货物时支付货款的，应当注明货物的价格和必要时应付的费用金额；

（十三）需要声明货物在目的地点交付时的利益的，应当注明声明价值金额；

（十四）货运单的份数；

（十五）随货运单交给承运人的文件；

（十六）如经议定，应当注明完成货物运输的时间和概要说明经过的路线；

（十七）货物运输的最终目的地点、出发地点或者约定的经停地点之一不在中华人民共和国境内，依照所适用的国际航空运输公约的规定，应当在货运单上声明此项运输适用该公约的，货运单上应当载有该项声明。

第十条　托运人应当对货运单上所填关于货物的说明和声明的正确性负责。因货运单上所填的说明和声明不符合规定、不正确或者不完全，给承运人或者承运人对之负责的其他人造成损失的，托运人应当承担赔偿责任。

第十一条　货运单上所填的内容被涂改或者删除的，承运人可以不接收该货运单。

第十二条　托运人托运毛重每公斤价值超过承运人规定限额的货物，可办理货物声明价值，并支付声明价值附加费。

第十三条　托运人应当以适当的方式对货物进行包装，确保货物在正常掌管情况下的安全运输。

托运人应当在每一包装件上清晰和耐久地标明托运人、收货人的名称及详细地址。

第三章　货物收运

第十四条　承运人不得收运中华人民共和国以及运输过程中有关国家的法律和规定禁止运输的货物。

承运人收运中华人民共和国以及运输过程中有关国家的法律和规定限制运输的货物，应当查验有关国家出具准许运输的证明。

根据中华人民共和国以及运输过程中有关国家的法律和规定需办理查验、检查等手续的货物，在手续未办妥之前，承运人不得收运。

承运人收运运费到付的货物，应当符合货物目的地点国家的法律和规定，以及有关航空联运承运人的规定。

第十五条　承运人应当收运托运人托运符合下列条件的货物：

（一）出发地、目的地、经停地和飞越国家的法律和规定允许运输或者进出口；

（二）包装适合于航空器运输；

（三）附有必需的资料、文件；

（四）不危及航空器、人员或者其他财产的安全。

第十六条　承运人可以对货物、货物的包装、货物的资料、文件进行检查，但承运人不承担此种检查的义务。

第十七条　承运人可以规定每张货运单的声明价值限额。承运人对超过其声明价值规定限额的货物可以拒绝运输。

承运人可以规定每架航空器载运货物总价值的限额。

第十八条　承运人对收运的货物，应当进行安全检查或者采取其他保证安全的措施。

承运人对收运的货物应当妥善保管，防止货物损坏或者遗失。

第四章 运价、运费和其他费用

第十九条 承运人应当公布运价。运价应当是填开货运单之日的有效运价。

第二十条 除承运人另有规定外，运价和运费只适用于机场至机场的航空运输，不包括承运人提供与航空运输有关的其他附属服务所收取的费用。

第二十一条 托运人应当使用承运人公布的货币支付运费和其他费用。支付的货币不是公布货币的，托运人应当按照规定的兑换率换算后支付。

第二十二条 托运人托运货物，应当支付所有预付运费和其他费用。收货人提取货物，应当支付所有到付运费和其他费用。

所有预付或者到付的费用，无论货物是否遗失、损坏或者货物未运达货运单上载明的目的地，均为承运人的全部所得。如因承运人的原因造成货物遗失、损坏或者货物未运达货运单上载明的目的地，承运人应当承担责任。

第二十三条 托运人或者收货人未支付运费和其他费用的，承运人可以依法留置货物，并催付有关的运费和其他费用。托运人或者收货人未在规定的期限内支付运费和其他费用的，承运人可按照有关规定处置货物，并事先通知货运单上载明的托运人或者收货人。

第二十四条 承运人垫付与货物有关的税款或者费用的，托运人和收货人应当承担向承运人偿付这些税款或者费用的连带责任。

第二十五条 托运人拒绝支付运费和其他费用的，承运人可取消该货物的运输。

第五章 运输货物

第二十六条 托运人应当提供必需的资料和文件，以便在货物交付收货人前完成法律、行政法规规定的有关手续；因没有此种资料、文件，或者此种资料、文件不充足或者不符合规定造成的损失，除由于承运人或者其受雇人、代理人的过错造成的外，托运人应当对承运人承担责任。

除法律、行政法规另有规定外，承运人没有对前款规定的资料或者文件进行检查的义务。

第二十七条 承运人在班期时刻表上或者其他场所公布的时间为预计时间，不构成运输合同的组成部分，也不能作为货物运输开始、完成或者货物交付的时间。经特别约定并在货运单上注明的，承运人应当按照约定的时间运输；没有特别约定的，承运人应当用合理的时间运输。

第二十八条 承运人应当合理安排运输货物。承运人可以不经通知改变货运单上注明的航班、路线、机型或者承运人。也可以在不经通知，但应适当考虑托运人利益的情况下，使用其他交通工具运输货物。

第二十九条 承运人收运货物后，应当采取措施及时将货物运至目的地，由于无法控制或者无法预测的原因，承运人可以不经通知，取消、终止、改变、推迟、延误或者提前航班飞行，或者继续航班飞行而不载运货物或者载运部分货物。除法律另有规定外，承运人对由此而造成的后果不承担责任。

第三十条 根据适用的法律、行政法规，承运人可以在货物之间，货物和邮件或者旅客之间做出优先运输的安排。承运人也可以在任何时间、地点从一批货物中卸下部分货物后继续航班飞行。因优先运输导致货物未运输或者推迟、延误运输或者部分货物被卸下，承运人对由此而造成的后果不承担责任。

承运人做出优先运输安排的，应当考虑托运人的实际利益，并对未及时运输的货物做出合理的运输安排。

第三十一条 承运人应当建立监装、监卸制度并按其规定装卸货物。

第三十二条 承运人对无法续运的货物，应当做好记录，及时通知托运人或者收货人，并征求处理意见。

第三十三条 托运人应当在出具货运单托运人联，并以书面方式提出后，方可行使对货物的处置权，并适用于一张货运单填列的全部货物。由于行使处置权而变更收货人的，变更后的新收货人，应当视为货运单上的收货人。

货运单上已载明的声明价值不得变更。对已办妥声明价值的货物行使处置权的,已付的声明价值附加费不予退还。

第三十四条 托运人在履行航空货物运输合同规定的义务的条件下,有权在出发地机场或者目的地机场将货物提回,或者在途中经停时中止运输,或者在目的地点或者途中要求将货物交给非货运单上指定的收货人,或者要求将货物运回出发地机场;但是,托运人不得因行使此种权利而使承运人或者其他托运人遭受损失,并应当偿付由此产生的费用。

第三十五条 托运人要求处置货物的,应当符合中华人民共和国以及运输过程中有关国家的法律和规定。对不符合规定的,承运人应当拒绝办理。

托运人处置货物的指示不能执行的,承运人应当立即通知托运人。

第三十六条 因发生在航空运输期间的事件,造成货物毁灭、遗失或者损坏的,承运人应当承担责任,但法律规定免除责任的除外。

第六章 货物交付

第三十七条 货物运达目的地后,承运人在未收到其他指示的情况下,应当及时向收货人或者货运单上载明的、经承运人同意的其他人发出货物到达通知。此通知以通常方式发出,对未收到或者未按时收到此通知的,承运人不承担责任。

第三十八条 收货人收到或者要求提取货物、货运单的,托运人对货物的处置权即告终止。收货人拒绝接收货运单或者货物,或者承运人无法同收货人取得联系的,托运人继续行使对货物的处置权。

第三十九条 除货运单上另有特别载明外,货物只能交付给货运单上所载明的收货人或者其代理人。按下列情况之一交付货物的,应当视为有效交付:

(一)承运人已将准许提取货物的凭证交付给收货人或者其代理人的;

(二)按适用的法律,已将货物交付给海关或者其他政府当局的。

第四十条 货物运达目的地后,收货人拒绝或者未在规定的时间内提取货物的,承运人应当执行货运单上载明的托运人的指示。货运单上未载明指示或者指示不能执行的,承运人应当将收货人未提取货物的情况通知托运人，并要求托运人予以指示。

第四十一条　货物运达目的地机场后三个月内未收到托运人指示的，承运人按其无法交付货物的规定处理。

货物运达目的地后，收货人在三个月内未办妥货物提取手续的，承运人在处置货物前，应当通知收货人。

第四十二条　托运人应当承担因收货人未提取货物而产生的其他费用，包括根据托运人指示运回货物所产生的其他费用。

第四十三条　收货人接收货运单或者货物，应当承担与运输有关所有未支付费用的支付责任。除非另有约定，托运人不得被解除支付这些费用的责任，并与收货人承担连带责任。承运人可根据支付费用的情况有条件的移交货运单或者交付货物。

第七章　特种货物运输

第四十四条　特种货物是指危险物品、活体动物、易腐物品、灵柩等特种货物。

第四十五条　托运人托运特种货物，除应当符合普通货物运输规定外，还应当符合特种货物运输规定。托运人因未遵守规定而给承运人造成损失的，托运人应当承担责任，并对承运人运输此种货物而造成的损失给予赔偿。托运人托运特种货物应当事先与承运人联系，经承运人同意后方可托运。

托运人和收货人应当在承运人指定的地点办理托运和提取特种货物。

第四十六条　承运人收运特种货物，除应当符合普通货物运输规定外，还应当符合特种货物运输规定。承运人因未遵守规定而给托运人造成损失的，承运人应当承担责任。

承运人运输特种货物，应当建立机长通知单制度。

承运人应当指定办理托运和提取特种货物的地点。

第四十七条　承运人未经中国民用航空总局批准，不得运输作战军火、作战物资。

第八章　承运人的运输条件、规定等的制定和修改

第四十八条　为了对货物国际航空运输进行管理,承运人应当依法制定、公布和修改其运输条件、运输规定及运价和其他费用。

任何修改不适用于修改前已经开始的运输。

第九章　附则

第四十九条　本规则自 2000 年 8 月 1 日起施行。

参考文献

[1] 王益友. 航空危险品运输. 北京：化学工业出版社，2013.
[2] 民航相关网站：民航资源网、民航信息网、中国民用航空局.
[3] 中国航信集团. 中国民航订座系统操作手册，2007.

编后记

本书用于民航地服专业中职教育教学。根据中华人民共和国教育部2015年出版的《中等职业学校专业教学标准》（交通运输类）要求，本书主要分为以下五大板块：民航运输基础、民航旅客运输、民航危险品运输（地服板块）、值机离港操作、民航货物运输，包含民航地服专业相关的货运、客运、值机工作岗位的实际操作知识和基础知识。

由于编写时间较紧、编者水平有限，本书难免存在不足和疏漏之处，恳请专家和读者批评指正。